여러분의 합격을 응원하 해커스경찰의 특별 혜택!

FREE 경찰헌법 **특강**

해커스경찰(police.Hackers.com) 접속 후 로그인 ▶ 상단의 [무료강좌 → 경찰 무료강의] 클릭하여 이용

해커스경찰 온라인 단과강의 **20% 할인쿠폰**

C2F7F6ACEA89FCZY

해커스경찰(police.Hackers.com) 접속 후 로그인 ▶ 상단의 [내강의실] 클릭 ▶

[쿠폰/포인트] 클릭 ▶ 쿠폰번호 입력 후 이용

* 쿠폰 이용 기한: 등록 후 7일간 사용 가능(ID당 1회에 한해 등록 가능)

합격예측 **온라인 모의고사 + 해설강의 수강권**

73AD59742F7CEVT3

해커스경찰(police.Hackers.com) 접속 후 로그인 ▶ 상단의 [내강의실] 클릭 ▶

[쿠폰/포인트] 클릭 ▶ 쿠폰번호 입력 후 이용

* ID당 1회에 한해 등록 가능

쿠폰 이용 관련 문의 **1588-4055**

단기 합격을 위한
해커스경찰 커리큘럼

입문

탄탄한 기본기와 핵심 개념 완성!

누구나 이해하기 쉬운 개념 설명과 풍부한 예시로 부담없이 쌩기초 다지기

TIP 베이스가 있다면 **기본 단계**부터!

▼

기본+심화

필수 개념 학습으로 이론 완성!

반드시 알아야 할 기본 개념과 문제풀이 전략을 학습하고
심화 개념 학습으로 고득점을 위한 응용력 다지기

▼

**기출+예상
문제풀이**

문제풀이로 집중 학습하고 실력 업그레이드!

기출문제의 유형과 출제 의도를 이해하고 최신 출제 경향을 반영한
예상문제를 풀어보며 본인의 취약영역을 파악 및 보완하기

▼

동형문제풀이

동형모의고사로 실전력 강화!

실제 시험과 같은 형태의 실전모의고사를 풀어보며 실전감각 극대화

▼

최종 마무리

시험 직전 실전 시뮬레이션!

각 과목별 시험에 출제되는 내용들을 최종 점검하며 실전 완성

PASS

* 커리큘럼 및 세부 일정은 상이할 수 있으며,
자세한 사항은 해커스경찰 사이트에서 확인하세요.

**단계별 교재 확인 및
수강신청은 여기서!**

police.Hackers.com

해커스경찰

황남기
경찰헌법

3개년 핵심+최신 판례집 2024 상반기

해커스

황남기

약력

현 | 해커스경찰 헌법 강의
해커스공무원 헌법/행정법 강의

전 | 동국대 법대 겸임교수
외교부 사무관
윌비스 헌법/행정법 대표교수
제27회 외무 고등고시 수석합격
2012년 공무원 승진시험 출제위원
연세대, 성균관대, 한양대, 이화여대, 중앙대, 전남대,
전북대 사법시험 특강

저서

해커스경찰 황남기 경찰헌법 기본서
해커스경찰 황남기 경찰헌법 핵심요약집
해커스경찰 황남기 경찰헌법 Season 1 쟁점별 기출모의고사
해커스경찰 황남기 경찰헌법 Season 2 진도별 모의고사
해커스경찰 황남기 경찰헌법 Season 3 전범위 모의고사 Vol.1 1차 대비
해커스경찰 황남기 경찰헌법 Season 3 전범위 모의고사 Vol.2 2차 대비
해커스경찰 황남기 경찰헌법 최신 판례집 2023 하반기
해커스경찰 황남기 경찰헌법 3개년 핵심 + 최신 판례집 2024 상반기
해커스공무원 황남기 헌법 기본서 1권
해커스공무원 황남기 헌법 기본서 2권
해커스공무원 황남기 헌법 진도별 모의고사 기본권편
해커스공무원 황남기 헌법 진도별 모의고사 통치구조론편
해커스공무원 황남기 헌법족보
해커스공무원 황남기 헌법 최신 판례집
해커스공무원 황남기 헌법 단원별 기출문제집
해커스공무원 황남기 행정법총론 기본서
해커스공무원 황남기 행정법각론 기본서
해커스공무원 황남기 행정법 모의고사 Season 1
해커스공무원 황남기 행정법 모의고사 Season 2
해커스공무원 황남기 행정법총론 최신 판례집
황남기 경찰헌법 기출총정리, 멘토링
황남기 행정법총론 기출문제집, 멘토링
황남기 행정법각론 기출문제집, 멘토링

경찰공무원 시험
합격을 위한 필수 판례집!

헌법 최신 판례는 시험에 즉각 반영되는 경향이 강합니다. 보통은 결론을 물어볼 가능성이 큽니다. 그리고 시간이 지날수록 판례의 논리를 물어보는 경향이 높아집니다. 판례가 계속 나오다 보니 기존 판례와 비교를 잘해야 합니다. 유사한 면도 있으나 차이가 나는 면도 있습니다.

물론 판례를 문제화시킨 문제가 있다면 문제로 공부하는 것을 추천합니다. 이 판례도 최근 모의고사에 문제로 반영되어 있으니 문제를 풀어본다면 확실히 시험장에서 문제 풀기가 용이할 겁니다. 최신 판례는 지금 공부했다고 하더라고 회독이 덜 되어 있어 망각 속도가 빠릅니다. 그래서 시험장 가기 전에 반드시 한 번 더 다시 정독하고 암기해야 합니다.

더불어 경찰공무원 시험 전문 해커스경찰(police.Hackers.com)에서 학원강의나 인터넷 동영상강의를 함께 이용하여 꾸준히 수강한다면 학습효과를 극대화할 수 있습니다.

모쪼록 본 판례집이 수험생들의 합격에 큰 도움이 되기를 기원합니다.

2024년 7월
저자 황남기

목차

목차

05 평등권

목차

목차

목차

해커스경찰
police.Hackers.com

3개년 핵심 판례
(2021년~2023년)

01 헌법전문

1. 한국인 BC급 전범들의 대일청구권이 '대한민국과 일본국 간의 재산 및 청구권에 관한 문제의 해결과 경제협력에 관한 협정' 제2조 제1항에 의하여 소멸하였는지 여부에 관한 한·일 양국 간 해석상 분쟁을 이 사건 협정 제3조가 정한 절차에 의하여 해결할 피청구인의 작위의무가 인정되지 않는다(2021.8.31. 2014헌마888).

2. 행정안전부장관, 법무부장관이 진실규명사건의 피해자 및 그 가족인 청구인들의 피해를 회복하기 위해 국가배상법에 의한 배상이나 형사보상법에 의한 보상과는 별개로 금전적 배상·보상이나 위로금을 지급하여야 할 헌법에서 유래하는 작위의무가 도출된다고 볼 수 없다(2021.9.30. 2016헌마1034).

3. 행정안전부장관이나 경찰청장은 진실규명사건 피해자의 명예를 회복하고 피해자와 가해자 간의 화해를 적극 권유하여야 할 작위의무를 부담된다(2021.9.30. 2016헌마1034).

02 국적법

1. '직계존속이 외국에서 영주할 목적 없이 체류한 상태에서 출생한 자'에 대해서는 병역의무를 해소한 경우에만 대한민국 국적이탈을 신고할 수 있도록 한 국적법은 출생한 사람의 국적이탈의 자유를 제한한다. 다만, 거주·이전의 자유를 규정한 헌법 제14조는 국적이탈의 자유의 근거조항이고 심판대상조항은 출입국 등 거주·이전 그 자체에 어떠한 제한을 가한다고 보기 어려운바, 출입국에 관련하여 거주·이전의 자유가 침해된다는 청구인의 주장에 대해서는 판단하지 아니한다 (2023.2.23. 2019헌바462).

2. 직계존속이 외국에서 영주할 목적 없이 체류한 상태에서 출생한 자는 병역의무를 해소한 경우에만 국적이탈을 신고할 수 있도록 하는 구 국적법 제12조 제3항은 명확성원칙에 위배되지 아니한다(2023.2.23. 2019헌바462).

3. 직계존속이 외국에서 영주할 목적 없이 체류한 상태에서 출생한 자는 병역의무를 해소한 경우에만 국적이탈을 신고할 수 있도록 하는 구 국적법은 국적이탈의 자유를 침해하지 아니한다(2023.2.23. 2020헌바603).

03 법치주의

1. 전기판매사업자로 하여금 전기요금에 관한 약관을 작성하여 산업통상자원부장관의 인가를 받도록 한 전기사업법 제16조 제1항은 의회유보원칙에 위반되지 아니한다(2021.4.29. 2017헌가25).

2. 거래소에서 상장규정을 제정할 때 '증권의 상장폐지기준 및 상장폐지에 관한 내용을 포함'하도록 한 '자본시장과 금융투자업에 관한 법률' 제390조 제2항 제2호에는 포괄위임금지원칙이 원칙적으로 적용되지 않는다(2021.5.27. 2019헌바332).

3. 거래소에서 상장규정을 제정할 때 '증권의 상장폐지기준 및 상장폐지에 관한 내용을 포함'하도록 한 '자본시장과 금융투자업에 관한 법률' 제390조 제2항 제2호는 법률유보원칙에 위반되지 아니한다(2021.5.27. 2019헌바332).

4. 서울특별시장의 정비구역 직권해제 대상에서 상업지역의 도시정비형 재개발사업을 제외한 '서울특별시 도시 및 주거환경 정비 조례' 부칙 제23조 제2항은 법률유보원칙에 반하여 청구인들의 재산권을 침해하지 아니한다(2023.3.23. 2019헌마758).

5. 금융위원회위원장이 2019.12.16. 시중 은행을 상대로 투기지역 · 투기과열지구 내 초고가 아파트(시가 15억원 초과)에 대한 주택구입용 주택담보대출을 2019.12.17.부터 금지한 조치는 법률유보원칙에 반하여 청구인의 재산권 및 계약의 자유를 침해하지 아니한다(2023.3.23. 2019헌마1399).

6. '의료기관의 장으로 하여금 보건복지부장관에게 비급여 진료비용에 관한 사항을 보고하도록 한 의료법 제45조의2 제1항 중 '비급여 진료비용'에 관한 부분이 법률유보원칙에 반하여 의사의 직업수행의 자유와 환자의 개인정보자기결정권을 침해하는지 여부(소극)

보고의무조항은 '비급여 진료비용의 항목, 기준, 금액, 진료내역'을 보고하도록 함으로써 보고의무에 관한 기본적이고 본질적인 사항을 법률에서 직접 정하고 있으므로, 법률유보원칙에 반하여 청구인들의 기본권을 침해하지 아니한다(2023.2.23. 2021헌마93).

7. 헌법재판소가 성인대상 성범죄자에 대하여 10년 동안 일률적으로 의료기관에의 취업제한 등을 하는 규정에 대하여 위헌결정을 한 뒤, 개정법 시행일 전까지 성인대상 성범죄로 형을 선고받아 그 형이 확정된 사람에 대해서 형의 종류 또는 형량에 따라 기간에 차등을 두어 의료기관에의 취업 등을 제한하는 아동 · 청소년의 성보호에 관한 법률 부칙 제5조 제1호는 신뢰보호원칙에 위배되지 아니한다(2023.5.25. 2020헌바45).

8. 전시·사변 등 국가비상사태에 있어서 전투에 종사하는 자에 대하여 각령(閣令)이 정하는 바에 의하여 전투근무수당을 지급하도록 한 구 군인보수법 제17조 중 '전시·사변 등 국가비상사태' 부분이 명확성원칙에 위반되지 않는다(2023.8.31. 2020헌바594).

04 지방자치제도

1. 헌법 제117조 제1항은 "지방자치단체는 주민의 복리에 대한 사무를 처리하고 재산을 관리하며, 법령의 범위 안에서 자치에 관한 규정을 제정할 수 있다."고 규정하여 지방자치단체의 자치권을 보장한다. 지방자치단체의 자치권은 자치입법권·자치행정권·자치재정권으로 나눌 수 있다(2021.3.25. 2018헌바348).

2. 자치재정권은 지방자치단체가 법령의 범위 내에서 국가의 지시를 받지 않고 자기 책임하에 수입과 지출을 운영할 수 있는 권한이다. 자치재정권 중 자치수입권은 지방자치단체가 법령의 범위 내에서 자기 책임하에 그에 허용된 수입원으로부터 수입정책을 결정할 수 있는 권한인데, 여기에는 지방세, 분담금 등을 부과·징수할 수 있는 권한이 포함된다(2021.3.25. 2018헌바348).

3. 광역지방자치단체가 기초지방자치단체의 자치사무에 대하여 실시하는 감사 중 연간 감사계획에 포함되지 아니하고 사전조사도 수행되지 아니한 감사의 경우 감사대상의 사전통보가 감사의 개시요건인 것은 아니다(2023.3.23. 2020헌라5).

4. 지방자치단체의 자치사무에 대한 무분별한 감사권의 행사는 헌법상 보장된 지방자치권을 침해할 가능성이 크므로, 원칙적으로 감사 과정에서 사전에 감사대상으로 특정되지 아니한 사항에 관하여 위법사실이 발견되었다고 하더라도 감사대상을 확장하거나 추가하는 것은 허용되지 않는다. 다만, 자치사무의 합법성 통제라는 감사의 목적이나 감사의 효율성 측면을 고려할 때, 당초 특정된 감사대상과 관련성이 인정되는 것으로서 당해 절차에서 함께 감사를 진행하더라도 감사대상 지방자치단체가 절차적인 불이익을 받을 우려가 없고, 해당 감사대상을 적발하기 위한 목적으로 감사가 진행된 것으로 볼 수 없는 사항에 대하여는 감사대상의 확장 내지 추가가 허용된다(2023.3.23. 2020헌라5).

5. 구 지방자치법 제171조 제2항은 감사 전 법령 위반 여부를 확인해야 하지만 감사 개시 전 엄격한 위법성 확인은 필요하지 않다. 합리적 의심이 가능한 경우 감사 착수를 인정되므로 시·도지사가 제보나 언론보도를 통해 합리적 의심이 가능한 경우 감사 개시는 타당하다(2023.3.23. 2020헌라5).

05 기본권 총론

1. 주택재개발정비사업조합인 청구인이 공법인의 지위에서 기본권의 수범자로 기능하는 경우 기본권의 주체가 될 수 없다 (2022.7.21. 2019헌바543).

2. 6·25 전쟁 중(1950년 6월 25일부터 1953년 7월 27일 군사정전에 관한 협정 체결 전까지를 말한다) 본인의 의사에 반하여 북한에 의하여 강제로 납북된 자 및 그 가족에 대한 보상입법을 마련할 입법의무가 직접적으로 도출된다고 보기 어렵다 (2022.8.31. 2019헌마1331).

06 인간의 존엄과 가치, 행복추구권

침해인 것

1. 누구든지 금융회사등에 종사하는 자에게 타인의 금융거래의 내용에 관한 정보 또는 자료를 요구하는 것을 금지하고, 이를 위반시 형사처벌하는 구 '금융실명거래 및 비밀보장에 관한 법률' 제4조 제1항은 과잉금지원칙에 반하여 일반적 행동자유권을 침해하므로 헌법에 위반된다(2022.2.24. 2020헌가5).

2. 태어난 즉시 '출생등록될 권리'는 헌법에 명시되지 아니한 독자적 기본권으로서, 자유로운 인격실현을 보장하는 자유권적 성격과 아동의 건강한 성장과 발달을 보장하는 사회적 기본권의 성격을 함께 지닌다. 혼인 중 여자와 남편 아닌 남자 사이에서 출생한 자녀에 대한 생부의 출생신고'를 허용하도록 규정하지 아니한 '가족관계의 등록 등에 관한 법률' 제46조 제2항은 혼인 외 출생자인 청구인들의 태어난 즉시 '출생등록될 권리'를 침해한다(2023.3.23. 2021헌마975).

침해가 아닌 것

1. 물품을 반송하려면 세관장에게 신고하도록 하는 관세법 제241조 제1항 중 '반송'에 관한 과잉금지원칙에 반하여 환승 여행객의 일반적 행동자유권을 침해한다고 할 수 없다(2023.6.29. 2020헌바177).

2. 도로교통법 제44조 제1항을 위반하여 자동차를 운전한 사람이 다시 음주운전 금지규정을 위반하여 자동차를 운전해서 운전면허 정지사유에 해당된 경우 필요적으로 그의 운전면허를 취소하도록 하는 구 도로교통법 제93조 제1항이 과잉금지원칙에 위반된다고 할 수 없다(2023.6.29. 2020헌바182).

3. '교통의 안전과 위험방지를 위하여 필요하다고 인정하는 경우' 음주측정을 요구할 수 있도록 한 구 도로교통법 제44조 제2항은 과잉금지원칙에 반하여 일반적 행동자유권을 침해하지 아니한다(2023.10.26. 2019헌바91).

4. '혼인 중 여자와 남편 아닌 남자 사이에서 출생한 자녀에 대한 생부의 출생신고'를 허용하도록 규정하지 아니한 '가족관계의 등록 등에 관한 법률' 제46조 제2항은 생부인 청구인들의 평등권을 침해하지 않는다(2023.3.23. 2021헌마975).

5. 분할복무를 신청하여 복무중단 중인 사회복무요원이 자유롭게 영리행위를 할 수 있는 것과 달리 대학에서의 수학행위를 할 수 없게 한 병역법은 인격발현권을 침해하지 않는다(2021.6.24. 2018헌마526).

6. 자동차 운전 중 휴대용 전화를 사용하는 것을 금지하고 위반시 처벌하는 구 도로교통법은 일반적 행동자유권을 제한하나 침해하지는 않는다(2021.6.24. 2019헌바5).

7. 정당한 사유 없는 예비군 훈련 불참을 형사처벌하는 예비군법은 예비군대원의 일반적 행동자유권을 제한하나 침해한다고 할 수 없다(2021.5.27. 2019헌마321).

8. 청원주로 하여금 청원경찰이 품위를 손상하는 행위를 한 때에는 대통령령으로 정하는 징계절차를 거쳐 징계처분을 하도록 규정한 청원경찰법 제5조의2 제1항 제2호가 명확성원칙 및 과잉금지원칙에 위배한다고 보기도 어렵다(2022.5.26. 2019헌바530).

9. 이동통신사업자가 제공하는 전기통신역무를 타인의 통신용으로 제공하는 것을 원칙적으로 금지하고, 위반시 형사처벌하는 전기통신사업법은 이동통신서비스 이용자의 일반적 행동자유권을 제한한다. 이용자와 타인 간의 의사소통과정의 비밀을 제한한다거나 이용자의 발언내용을 제한한다고 보기 어렵다. 이용자의 일반적 행동자유권을 침해하지 아니한다(2022.6.30. 2019헌가14).

10. 지급정지가 이루어진 사기이용계좌 명의인의 전자금융거래를 제한하는 구 '전기통신금융사기 피해방지 및 피해금 환급에 관한 특별법' 제13조의2 제1항, '전기통신금융사기 피해방지 및 피해금 환급에 관한 특별법' 제13조의2 제3항은 청구인의 일반적 행동자유권을 침해하지 아니한다(2022.6.30. 2019헌마579).

11. 전기통신금융사기의 피해자가 피해구제 신청을 하는 경우 피해자의 자금이 송금·이체된 계좌 및 해당 계좌로부터 자금의 이전에 이용된 계좌를 지급정지하는 '전기통신금융사기 피해방지 및 피해금 환급에 관한 특별법' 제4조 제1항 제1호는 청구인의 재산권을 침해하지 아니한다(2022.6.30. 2019헌마579).

12. 못된 장난 등으로 다른 사람, 단체 또는 공무수행 중인 자의 업무를 방해한 사람을 20만원 이하의 벌금, 구류 또는 과료로 처벌하는 경범죄 처벌법은 **의사표현을 직접 제한하는 조항이 아니고** 위에서 본 바와 같이 심판대상조항에 의하여 주로 제한되는 기본권은 일반적 행동자유권이라고 할 것이다. 죄형법정주의의 명확성원칙을 위반하여 청구인의 일반적 행동자유권을 침해하지 않는다(2022.11.24. 2021헌마426).

13. 가해학생에 대한 조치로 피해학생에 대한 서면사과를 규정한 구 학교폭력예방법 제17조 제1항 제1호가 가해학생의 양심의 자유와 인격권을 침해한다고 보기 어렵다(2023.2.23. 2019헌바93).

14. 가해학생에 대한 조치로 학급교체를 규정한 구 학교폭력예방법이 가해학생의 일반적 행동자유권을 과도하게 침해한다고 보기 어렵다(2023.2.23. 2019헌바93).

15. 학부모대표가 전체위원의 과반수를 구성하고 있는 자치위원회에서 일정한 요건을 갖춘 경우 반드시 회의를 소집하여 가해학생에 대한 조치의 내용을 결정하게 하고 학교의 장이 이에 구속되도록 규정한 구 학교폭력예방법 제13조 제1항·제2항, 제17조 제1항·제6항이 과잉금지원칙을 위반하여 가해학생의 양심의 자유, 인격권 및 일반적 행동자유권을 침해한다고 보기 어렵다(2023.2.23. 2019헌바93).

16. 금융위원회위원장이 2019.12.16. 시중 은행을 상대로 투기지역·투기과열지구 내 초고가 아파트(시가 15억원 초과)에 대한 주택구입용 주택담보대출을 2019.12.17.부터 금지한 조치는 과잉금지원칙에 반하여 청구인의 재산권 및 계약의 자유를 침해하지 아니한다(2023.3.23. 2019헌마1399).

17. 항문성교나 그 밖의 추행을 한 사람은 2년 이하의 징역에 처하도록 한 군형법 제92조의6이 죄형법정주의의 명확성원칙에 위배되지 아니한다. 항문성교나 그 밖의 추행을 한 사람은 2년 이하의 징역에 처하도록 한 군형법이 과잉금지원칙에 위배되어 군인의 성적 자기결정권 또는 사생활의 비밀과 자유를 침해한다고 볼 수 없다(2023.10.26. 2017헌가16).

혼인과 가족제도

1. 입양신고시 신고사건 본인이 시·읍·면에 출석하지 아니하는 경우에는 신고사건 본인의 신분증명서를 제시하도록 한 '가족관계의 등록 등에 관한 법률'이 입법형성권의 한계를 넘어서서 입양당사자의 가족생활의 자유를 침해한다고 보기 어렵다(2022.11.24. 2019헌바108).

2. 8촌 이내의 혈족 사이에서는 혼인할 수 없도록 하는 민법 제809조 제1항(이하 '이 사건 금혼조항'이라 한다)은 혼인의 자유를 침해를 침해하지 않는다(2022.10.27. 2018헌바115).

3. 금혼조항에 위반한 경우 혼인을 무효로 하는 것은 혼인의 자유를 침해한다(2022.10.27. 2018헌바115).

07 평등권

침해인 것

1. 65세 미만의 경우 치매 · 뇌혈관성질환 등 대통령령으로 정하는 노인성 질병을 가진 자에 한해 장애인 활동지원급여 신청자격을 인정하고 있는 장애인활동 지원에 관한 법률은 평등권을 침해한다(2020.12.23. 2017헌가22).

2. 특별교통수단에 있어 표준휠체어만을 기준으로 휠체어 고정설비의 안전기준을 정하고 있는 '교통약자의 이동편의 증진법 시행규칙' 제6조 제3항 별표 1의2가 합리적 이유 없이 표준휠체어를 이용할 수 있는 장애인과 표준휠체어를 이용할 수 없는 장애인을 달리 취급하여 청구인의 평등권을 침해한다(2023.5.25. 2019헌마1234).

3. 근로자가 사망할 당시 그 근로자와 생계를 같이하고 있던 유족 중 '대한민국 국민인 유족' 및 '국내거주 외국인유족'은 퇴직공제금을 지급받을 유족의 범위에 포함하면서 청구인과 같은 '외국거주 외국인유족'을 그 범위에서 제외하는 구 건설근로자의 고용개선 등에 관한 법률 제14조 제2항은 평등원칙에 위반된다(2023.3.23. 2020헌바471).

4. 국가를 상대로 하는 당사자소송의 경우에는 가집행선고를 할 수 없다고 규정한 행정소송법 제43조는 평등원칙에 반한다(2022.2.24. 2020헌가12).

5. 내국인등과 달리 외국인의 경우 보험료를 체납한 경우에는 다음 달부터 곧바로 보험급여를 제한하는 국민건강보험법 제109조 제10항은 청구인들의 평등권을 침해한다(2023.9.26. 2019헌마1165).

6. 6 · 25전몰군경자녀에게 6 · 25전몰군경자녀수당을 지급하면서 그 수급권자를 6 · 25전몰군경자녀 중 1명에 한정하고, 나이가 많은 자를 우선하도록 정한 구 '국가유공자 등 예우 및 지원에 관한 법률' 제16조의3 제1항 본문 중 '자녀 중 1명'에 한정하여 6 · 25전몰군경자녀수당을 지급하도록 한 부분이 나이가 적은 6 · 25전몰군경자녀의 평등권을 침해한다(2021.3.25. 2018헌가6).

침해가 아닌 것

1. 1945년 8월 15일 이후에 사망한 독립유공자의 유족으로 최초로 등록할 당시 자녀까지 모두 사망하거나 생존 자녀가 보상금을 지급받지 못하고 사망한 경우 손자녀 1명에게만 보상금을 지급하는 것은 청구인의 평등권을 침해하지 아니한다(2022.1.27. 2020헌마594).

2. 독립유공자의 유속 중 자녀의 범위에서 사후양자를 제외하는 '독립유공자예우에 관한 법률' 제5조 제3항 본문은 평등원칙에 위반되지 않는다(2021.5.27. 2018헌바277)

3. 1945년 8월 15일 이후에 독립유공자에게 입양된 양자의 경우 독립유공자, 그의 배우자 또는 직계존비속을 부양한 사실이 있는 자만 유족 중 자녀에 포함시키고 있는 '독립유공자예우에 관한 법률' 제5조 제3항 단서가 평등원칙에 위반된다고 볼 수 없다(2021.5.27. 2018헌바277).

4. 1945년 8월 15일 이후에 사망한 독립유공자의 유족으로 최초로 등록할 당시 자녀까지 모두 사망하거나 생존 자녀가 보상금을 지급받지 못하고 사망한 경우에 한하여 독립유공자의 손자녀 1명에게 보상금을 지급하도록 하는 '독립유공자예우에 관한 법률' 제12조 제2항 제2호는 독립유공자의 사망시기를 기준으로 보상금 지급을 달리하여 청구인의 평등권을 침해하지 않는다(2022.1.27. 2020헌마594).

5. 임대의무기간이 10년인 공공건설임대주택의 분양전환가격을 임대의무기간이 5년인 공공건설임대주택의 분양전환가격과 다른 기준에 따라 산정하도록 하는 구 임대주택법 시행규칙 제14조 중 제9조 제1항 [별표 1] 제1호 가목을 준용하는 부분이 10년 임대주택에 거주하는 임차인의 평등권을 침해하지 아니한다(2021.4.29. 2019헌마202).

6. 전용면적 85제곱미터를 초과하는 공공건설임대주택은 전용면적 85제곱미터 이하의 공공건설임대주택과 달리 분양전환가격 산정기준 적용 대상에서 제외하는 공공주택 특별법 시행령 제56조 제7항 중 '전용면적 85제곱미터를 초과하는 경우는 제외한다' 부분이 중·대형임대주택에 거주하는 임차인의 평등권을 침해하지 아니한다(2021.4.29. 2020헌마923).

7. '공익신고자 보호법'상 보상금의 지급을 신청할 수 있는 자의 범위를 '내부 공익신고자'로 한정함으로써 '외부 공익신고자'를 보상금 지급대상에서 배제하도록 정한, '공익신고자 보호법' 제26조 제1항 중 '내부 공익신고자' 부분이 평등원칙에 위배된다고 볼 수 없다(2021.5.27. 2018헌바127).

8. 본인이 18세 이후 통틀어 3년을 초과하여 국내에 체재한 경우 1993.12.31. 이전에 출생한 사람들에 대한 예외를 두지 않고 재외국민 2세의 지위를 상실할 수 있도록 규정한 병역법 시행령 제128조 제7항 제2호는 청구인들의 평등권을 침해하지 아니한다(2021.5.27. 2019헌마177).

9. 4·19혁명공로자에게 지급되는 보훈급여의 종류를 보상금이 아닌 수당으로 규정한 국가유공자법 제16조의4 제1항 및 2019년도 공로수당의 지급월액을 31만 1천원으로 규정한 같은 법 시행령 제27조의4가 각각 보상금으로 월 172만 4천원을 받는 건국포장 수훈 애국지사에 비하여 4·19혁명공로자를 합리적 이유 없이 차별 취급하여 평등권을 침해한다고 할 수 없다(2022.2.24. 2019헌마883).

10. 국공립어린이집, 사회복지법인어린이집, 법인·단체등어린이집 등과 달리 민간어린이집에는 보육교직원 인건비를 지원하지 않는 '2020년도 보육사업안내'는 평등권을 침해하였다고 볼 수 없다(2022.2.24. 2020헌마177).

11. '정보통신망 이용촉진 및 정보보호 등에 관한 법률' 제70조 제2항의 명예훼손죄를 반의사불벌죄로 정하고 있는 정보통신망법 제70조 제3항 중 제2항에 관한 부분은 형벌체계상 균형을 상실하여 평등원칙에 위반되지 아니한다(2021.4.29. 2018헌바113).

12. 경유를 연료로 사용하는 자동차의 소유자로부터 환경개선부담금을 부과·징수하도록 정한 환경개선비용 부담법 제9조 제1항은 경유차 소유자를 휘발유를 연료로 사용하는 자동차의 소유자에 비해 차별하여 평등원칙에 위반되지 아니한다(2022.6.30. 2019헌바440).

13. 현역병, 지원에 의하지 아니하고 임용된 부사관, 방위, 상근예비역, 보충역 등의 복무기간과는 달리 사관생도의 사관학교 교육기간을 연금 산정의 기초가 되는 군 복무기간으로 산입할 수 있도록 규정하지 아니한 구 군인연금법 제16조 제5항이 청구인들의 평등권을 침해한다고 볼 수 없다(2022.6.30. 2019헌마150).

14. '가구 내 고용활동'에 대해서는 근로자퇴직급여 보장법을 적용하지 않도록 규정한 근로자퇴직급여 보장법 제3조 단서는 재산권 제한 문제는 발생하지 않고 헌법 제32조 제4항에 위반문제도 아니고 평등권 문제이다. 평등원칙에 위배되지 아니한다(2022.10.27. 2019헌바454).

15. 근로자의 날을 관공서의 공휴일에 포함시키지 않은 '관공서의 공휴일에 관한 규정' 제2조 본문이 공무원인 청구인들의 평등권을 침해한다고 볼 수 없다(2022.8.31. 2020헌마1025).

16. 주택재개발조합이 행정심판의 피청구인이 된 경우 그 인용재결에 기속되도록 규정한, 행정심판법 제49조 제1항 중 피청구인 가운데 '도시 및 주거환경정비법상 재개발사업의 사업시행자인 조합'에 관한 부분은 평등원칙에 반하지 않는다(2022.7.21. 2019헌바543).

17. 공무원이 지위를 이용하여 범한 공직선거법위반죄의 경우 일반인이 범한 공직선거법위반죄와 달리 공소시효를 10년으로 정한 공직선거법 제268조 제3항 중 '공무원이 지위를 이용하여 범한 공직선거법위반죄에 대해 공소시효를 10년으로 한 것'에 관한 부분이 평등원칙에 위배된다고 할 수 없다(2022.8.31. 2018헌바440).

18. 영화업자가 영화근로자와 계약을 체결할 때 근로시간을 구체적으로 밝히도록 하고 위반시 처벌하는 영화 및 비디오물의 진흥에 관한 법률 제3조는 평등권을 침해하지 않는다(2022.11.24. 2018헌바514).

19. 국립묘지 안장 대상자의 사망 당시의 배우자가 재혼한 경우에는 국립묘지에 안장된 안장 대상자와 합장할 수 없도록 규정한 '국립묘지의 설치 및 운영에 관한 법률' 제5조 제3항 본문 제1호 단서는 평등원칙에 위배되지 않는다(2022.11.24. 2020헌바463).

20. 가정폭력 가해자에 대해 피해자 또는 가정구성원에 대한 '전기통신사업법' 제2조 제1호의 전기통신을 이용한 접근금지만 규정하여 우편을 이용한 접근금지를 피해자보호명령에 포함시키지 아니한 구 '가정폭력범죄의 처벌 등에 관한 특례법'은 평등원칙에 위반된다고 보기 어렵다(2023.2.23. 2019헌바43).

21. 폭력범죄를 목적으로 한 단체 또는 집단의 구성원으로 활동한 사람을 2년 이상의 유기징역으로 처벌하도록 한 구 '폭력행위 등 처벌에 관한 법률' 제4조 제1항 제3호가 형벌체계상의 균형을 상실하여 평등원칙에 위배된다고 볼 수 없다(2022.12.22. 2019헌바401).

22. 추천위원회의 직원위원 수를 4인으로 정한 '부경대학교 총장임용후보자 선정 및 추천에 관한 규정' 제4조 제1항 제2호가 부경대학교 직원인 청구인들의 평등권을 침해한다고 할 수 없다(2023.5.25. 2020헌마1336).

23. 집합제한조치로 발생한 손실을 보상하는 규정을 두지 않은 구 '감염병의 예방 및 관리에 관한 법률' 제70조 제1항이 청구인들의 평등권을 침해한다고 할 수 없다(2023.6.29. 2020헌마1669).

24. 전시·사변 등 국가비상사태에 있어서 전투에 종사하는 자에 대하여 각령(閣令)이 정하는 바에 의하여 전투근무수당을 지급하도록 한 구 군인보수법이 평등원칙에 위반된다고 할 수 없다(2023.8.31. 2020헌바594).

25. 내국인 및 영주(F-5)·결혼이민(F-6)의 체류자격을 가진 외국인과 달리 외국인 지역가입자에 대하여 <u>납부할 월별 보험료의 하한을 전년도 전체 가입자의 평균을 고려하여</u> 정하는 구 '장기체류 재외국민 및 외국인에 대한 건강보험 적용기준'이 외국인 지역가입자인 청구인들의 평등권을 침해한다고 할 수 없다(2023.9.26. 2019헌마1165).

26. 경상국립대학교의 교원, 직원 및 조교, 학생에게 총장선거권을 부여한 '경상국립대학교 총장임용후보자 선정에 관한 규정' 제12조 제1항 본문은 같은 대학의 강사인 청구인들의 평등권을 침해하지 아니한다(2023.9.26. 2020헌마553).

27. 우정직 공무원을 우체국장 및 과·실장의 보직 부여 대상에서 제외한 '우정사업본부 직제 시행규칙'은 우정직 공무원인 청구인들의 평등권을 침해하지 아니한다(2023.8.31. 2020헌마116).

28. 예비역 복무의무자의 범위에서 일반적으로 여성을 제외하는 구 병역법 제3조 제1항 중 '예비역 복무'에 관한 부분 및 지원에 의하여 현역복무를 마친 여성을 일반적인 여성의 경우와 동일하게 예비역 복무의무자의 범위에서 제외하는 군인사법 제41조 제4호 및 단서, 제42조는 청구인의 평등권을 침해하지 아니한다(2023.10.26. 2018헌마357).

08 신체의 자유

죄형법정주의

1. 강제퇴거명령을 받은 사람을 보호할 수 있도록 하면서 보호기간의 상한을 마련하지 아니한 출입국관리법 제63조 제1항에 대해서는 <u>엄격한 심사기준이 적용되어야 한다.</u> 과잉금지원칙 및 적법절차원칙에 위배되어 피보호자의 신체의 자유를 침해한다(2023.3.23. 2020헌가1, 2021헌가10).

2. 식품의약품안전처장이 식품의 사용기준을 정하여 고시하고, 고시된 사용기준에 맞지 아니하는 식품을 판매하는 행위를 금지·처벌하는 구 식품위생법은 위임의 한계를 넘지 않는다(2021.2.25. 2017헌바222).

3. DNA 증거 등 그 죄를 증명할 수 있는 과학적 증거가 있는 특정 성폭력 범죄는 공소시효를 10년 연장하는 조항을 연장조항 시행 전에 범한 죄로 아직 공소시효가 완성되지 아니한 것에 대하여도 적용하는 조항은 형벌불소급의 원칙이 적용되는 범위에 포함되지 아니하고, 연장조항으로 인하여 제한되는 성폭력범죄자의 신뢰이익이 실체적 정의라는 공익에 우선하여 특별히 헌법적으로 보호할 가치가 있다고 보기 어려우므로, 부칙조항은 형벌불소급의 원칙이나 신뢰보호원칙에 위배되지 아니한다(2023.5.25. 2020헌바309).

4. <u>형벌불소급의 원칙은 '행위의 가벌성'에 관한 것이기 때문에 소추가능성에만 연관될 뿐이고 가벌성에는 영향을 미치지 않는 공소시효에 관한 규정은 원칙적으로 그 효력범위에 포함되지 않는다.</u> 따라서 공소시효의 정지규정을 과거에 이미 행한 범죄에 대하여 적용하도록 하는 법률이라 하더라도 그 사유만으로 헌법 제12조 제1항 및 제13조 제1항에 규정한 <u>죄형법정주의의 파생원칙인 형벌불소급의 원칙에 언제나 위배되는 것으로 단정할 수는 없다</u>(2021.6.24. 2018헌바457).

과잉형벌금지

위반인 것

1. 음주운전 금지규정 위반 또는 음주측정거부 전력이 1회 이상 있는 사람이 다시 음주운전 금지규정 위반행위를 한 경우 2년 이상 5년 이하의 징역이나 1천만원 이상 2천만원 이하의 벌금에 처하도록 규정한 도로교통법 제148조의2 제1항은 책임과 형벌 간의 비례원칙에 위반된다(2022.5.26. 2021헌가30).

2. 가족 중 성년자가 예비군훈련 소집통지서를 예비군대원 본인에게 전달하여야 하는 의무를 위반한 행위를 한 경우 6개월 이하의 징역 또는 500만원 이하의 벌금에 처하도록 한 예비군법 제15조 제10항은 비례원칙에도 위반된다고 할 것이다 (2022.5.26. 2019헌가12).

3. 음주운항 전력이 있는 사람이 다시 음주운항을 한 경우 2년 이상 5년 이하의 징역이나 2천만원 이상 3천만원 이하의 벌금에 처하도록 규정한 해사안전법 제104조의2 제2항 중 '제41조 제1항을 위반하여 2회 이상 술에 취한 상태에서 선박의 조타기를 조작한 운항자'에 관한 부분은 책임과 형벌 간의 비례원칙에 위반된다(2022.8.31. 2022헌가10).

4. 주거침입강제추행죄와 주거침입준강제추행죄에 대하여 무기징역 또는 7년 이상의 징역에 처하도록 한 '성폭력범죄의 처벌 등에 관한 특례법'은 책임과 형벌 간의 비례원칙에 위배된다(2023.2.23. 2021헌가9).

위반이 아닌 것

1. 야간주거침입절도죄의 미수범이 준강제추행죄를 범한 경우 무기징역 또는 7년 이상의 징역에 처하도록 한 성폭력범죄의 처벌 등에 관한 특례법은 책임과 형벌 간의 비례원칙에 위배되지 않는다(2023.2.23. 2022헌가2).

2. 아동학대 신고의무자인 초·중등학교 교원이 보호하는 아동에 대하여 아동학대범죄를 범한 때에는 그 죄에 정한 형의 2분의 1까지 가중하도록 한 '아동학대범죄의 처벌 등에 관한 특례법' 제7조 가운데 제10조 제2항 제20호 중 초·중등교육법 제19조에 따른 교원에 관한 부분이 책임과 형벌 간의 비례원칙에 위배하였다고 볼 수 없다(2021.3.25. 2018헌바388).

3. 아동·청소년이 등장하는 아동·청소년성착취물을 배포한 자를 3년 이상의 징역에 처하도록 한 '아동·청소년의 성보호에 관한 법률' 제11조 제3항 중 '아동·청소년이 등장하는 아동·청소년성착취물을 배포한 자'에 관한 부분이 책임과 형벌 간의 비례원칙에 위반된다고 할 수 없다(2022.11.24. 2021헌바144).

명확성원칙

1. 환경부장관이 하수의 수질을 현저히 악화시키는 것으로 판단되는 특정공산품의 제조·수입·판매나 사용의 금지 또는 제한을 명할 수 있도록 한 구 하수도법은 죄형법정주의의 명확성원칙에 위배되지 않는다(2021.3.25. 2018헌바375).

2. 대중교통수단, 공연·집회 장소, 그 밖에 공중이 밀집하는 장소에서 사람을 추행한 사람을 처벌하는 구 '성폭력범죄의 처벌 등에 관한 특례법' 제11조 중 '추행' 부분은 죄형법정주의의 명확성원칙에 위반되지 아니한다(2021.3.25. 2019헌바413).

3. 누구든지 약사법 제42조 제1항을 위반하여 수입된 의약품을 판매하거나 판매할 목적으로 저장 또는 진열하여서는 아니 된다고 규정한 구 약사법 제61조 제1항 제2호 중 '제42조 제1항을 위반하여 수입된 의약품'에 관한 부분은 죄형법정주의의 명확성원칙에 위배된다고 할 수 없다(2022.10.27. 2020헌바375).

4. 정보통신망을 통하여 음란한 화상 또는 영상을 공공연하게 전시하여 유통하는 것을 금지하고 이를 위반하는 자를 처벌하도록 정한 '정보통신망 이용촉진 및 정보보호 등에 관한 법률'은 죄형법정주의의 명확성원칙에 위배된다고 할 수 없다(2023.2.23. 2019헌바305).

5. 어린이 보호구역에서 제한속도 준수의무 또는 안전운전의무를 위반하여 어린이를 상해에 이르게 한 경우 1년 이상 15년 이하의 징역 또는 500만원 이상 3천만원 이하의 벌금에, 사망에 이르게 한 경우 무기 또는 3년 이상의 징역에 처하도록 규정한 '특정범죄 가중처벌 등에 관한 법률' 제5조의13은 죄형법정주의의 명확성원칙에 위반된다고 할 수 없다(2023.2.23. 2020헌마460).

영장주의

1. 수사기관 등이 전기통신사업자에게 이용자의 성명 등 통신자료의 열람이나 제출을 요청할 수 있도록 한 전기통신사업법 제83조 제3항에는 영장주의가 적용되지 않는다(2022.7.21. 2016헌마388).

2. 기지국 수사를 허용하는 통신사실 확인자료 제공요청은 법원의 허가를 받으면, 해당 가입자의 동의나 승낙을 얻지 아니하고도 제3자인 전기통신사업자에게 해당 가입자에 관한 통신사실 확인자료의 제공을 요청할 수 있도록 하는 수사방법으로, 통신비밀보호법이 규정하는 강제처분에 해당하므로 헌법상 영장주의가 적용된다(2018.6.28. 2012헌마538).

3. 사형 · 무기 또는 장기 3년 이상의 징역이나 금고에 해당하는 죄를 범하였다고 의심할만한 상당한 이유가 있는 경우에 피의자를 긴급체포할 수 있도록 한 형사소송법 제200조의3 제1항은 헌법상 영장주의에 위반되지 아니한다(2021.3.25. 2018헌바212).

4. 영장신청권자로서의 '검사'는 '검찰권을 행사하는 국가기관'인 검사로서 공익의 대표자이자 인권옹호기관으로서의 지위에서 그에 부합하는 직무를 수행하는 자를 의미하는 것이지, 검찰청법상 검사만을 지칭하는 것으로 보기 어렵다. 수사처검사는 변호사 자격을 일정 기간 보유한 사람 중에서 임명하도록 되어 있으므로, 법률전문가로서의 자격도 충분히 갖추었다. 따라서 공수처법 제8조 제4항은 영장주의원칙을 위반하여 청구인들의 신체의 자유 등을 침해하지 않는다(2021.1.28. 2020헌마264).

5. 수사권 및 소추권은 입법부·사법부가 아닌 '대통령을 수빈으로 하는 행정부'에 부여된 '헌법상 권한'이라 할 것이다. 검사의 영장신청권은 **제5차 개정헌법**(1962.12.26. 헌법 제6호)에서 처음 도입되었다. 검사의 영장신청권 조항에서 **검사에게 헌법상 수사권**까지 **부여한다는 내용**까지 논리 필연적으로 도출된다고 보기 어렵다. 피청구인의 이 사건 법률개정행위로 인해 검사의 '헌법상 권한'(영장신청권)이 침해될 가능성은 존재하지 아니하고, 국회의 구체적인 입법행위를 통해 비로소 그 내용과 범위가 형성되어 부여된 검사의 '법률상 권한'(수사권 및 소추권)은 그 자체로 국회의 법률개정행위로 인해 침해될 가능성이 없으므로, 피청구인의 이 사건 법률개정행위로 인한 청구인 검사들의 헌법상 권한 침해가능성은 인정되지 아니한다(2023.3.23. 2022헌라4).

변호인의 조력을 받을 권리

1. 법원이 열람·등사 허용 결정을 하였음에도 검사가 열람·등사를 거부한 행위

법원이 열람·등사 허용 결정을 하였음에도 검사가 이를 신속하게 이행하지 아니하는 경우에는 해당 증인 및 서류 등을 증거로 신청할 수 없는 불이익을 받는 것에 그치는 것이 아니라, 그러한 검사의 거부행위는 피고인의 열람·등사권을 침해하고, 나아가 피고인의 신속·공정한 재판을 받을 권리 및 변호인의 조력을 받을 권리까지 침해하게 되는 것이므로, 피청구인의 이 사건 거부행위는 청구인의 신속·공정한 재판을 받을 권리 및 변호인의 조력을 받을 권리를 침해한다(2022.6.30. 2019헌마35).

2. 이 사건 서신개봉행위는 교정사고를 미연에 방지하고 교정시설의 안전과 질서 유지를 위한 것이다. 수용자에게 변호인이 보낸 형사소송 관련 서신이라는 이유만으로 금지물품 확인 과정 없이 서신이 무분별하게 교정시설 내에 들어오게 된다면, 이를 악용하여 마약·담배 등 금지물품의 반입 등이 이루어질 가능성을 배제하기 어렵다. 금지물품을 확인할 뿐 변호인이 보낸 서신 내용의 열람·지득 등 검열을 하는 것이 아니어서, 이 사건 서신개봉행위로 인하여 미결수용자와 같은 지위에 있는 수형자가 새로운 형사사건 및 형사재판에서 방어권행사에 불이익이 있었다거나 그 불이익이 예상된다고 보기도 어렵다. 발신자가 변호사로 표시되어 있다고 하더라도 실제 변호사인지 여부 및 수용자의 변호인에 해당하는지 여부를 확인하는 것은 불가능하거나 지나친 행정적 부담을 초래한다. 미결수용자와 같은 지위에 있는 수형자는 서신 이외에도 접견 또는 전화통화에 의해서도 변호사와 접촉하여 형사소송을 준비할 수 있다. 이 사건 서신개봉행위와 같이 금지물품이 들어 있는지를 확인하기 위하여 서신을 개봉하는 것만으로는 미결수용자와 같은 지위에 있는 수형자가 변호인의 조력을 받을 권리를 침해하지 아니한다(2021.10.28. 2019헌마973).

3. 헌법은 70세 이상인 불구속 피의자가 피의자신문을 받을 때 국선변호인을 선정하는 법률을 제정할 것을 명시적으로 위임하고 있지 않다. 헌법 제12조 제4항 본문과 단서의 논리적 관계를 고려할 때 **'국선변호인의 조력을 받을 권리'**는 피의자가 아닌 **피고인에게만 보장되는 기본권**이다. 따라서 헌법 제12조 제4항이 70세 이상인 불구속 피의자에 대하여 국선변호인의 조력을 받을 권리가 있음을 천명한 것이라고 볼 수 없으며, 그 밖에 헌법상의 다른 규정을 살펴보아도 위와 같은 권리나 이를 보장하기 위한 입법의무를 명시적으로나 해석상으로 인정할 근거가 없다. 따라서 이 사건 입법부작위에 대한 심판청구는 헌법소원의 대상이 될 수 없는 입법부작위를 대상으로 한 것으로서 부적법하다(2023.2.23. 2020헌마1030).

09 사생활의 자유와 개인정보자기결정권

침해인 것

1. 수사기관 등이 전기통신사업자에게 이용자의 성명 등 통신자료의 열람이나 제출을 요청할 수 있도록 한 전기통신사업법 제83조 제3항은 **적법절차원칙에 위배되어** 개인정보자기결정권을 침해한다. 그러나 수사기관 등이 전기통신사업자에게 이용자의 성명 등 통신자료의 열람이나 제출을 요청할 수 있도록 한 전기통신사업법 제83조 제3항은 **과잉금지원칙에 위배되지 않는다**(2022.7.21. 2016헌마388).

2. 소년에 대한 수사경력자료의 삭제와 보존기간에 대하여 규정하면서 법원에서 불처분결정된 소년부송치 사건에 대하여 규정하지 않은 구 '형의 실효 등에 관한 법률' 제8조의2 제1항 및 제3항은 과잉금지원칙에 반하여 개인정보자기결정권을 침해한다(2021.6.24. 2018헌가2).

3. 변동신고조항 및 이를 위반할 경우 처벌하도록 정한 보안관찰법 제27조 제2항 중 제6조 제2항 전문에 관한 부분이 과잉금지원칙을 위반하여 청구인의 사생활의 비밀과 자유 및 개인정보자기결정권을 침해한다. 그러나 보안관찰처분대상자가 교도소 등에서 출소한 후 기존에 보안관찰법 제6조 제1항에 따라 신고한 거주예정지 등 대통령령이 정하는 사항에 대해 정보에 변동이 생길 때마다 7일 이내에 이를 신고하도록 정한 보안관찰법 제6조 제2항 전문이 포괄위임금지원칙에 위배된다고 할 수 없다(2021.6.24. 2017헌바479).

침해가 아닌 것

1. 보안관찰처분대상자가 교도소 등에서 출소한 후 7일 이내에 출소사실을 신고하도록 정한 구 보안관찰법 제6조 제1항 전문 중 출소 후 신고의무에 관한 부분 및 이를 위반할 경우 처벌하도록 정한 보안관찰법은 과잉금지원칙을 위반하여 청구인의 사생활의 비밀과 자유 및 개인정보자기결정권을 침해하지 아니한다(2021.6.24. 2017헌바479).

2. 정보주체의 배우자나 직계혈족이 정보주체의 위임 없이도 정보주체의 가족관계 상세증명서의 교부 청구를 할 수 있도록 하는 '가족관계의 등록 등에 관한 법률' 제14조 제1항 본문 중 '배우자, 직계혈족은 제15조 제1항 제1호에 규정된 가족관계증명서에 대한 상세증명서의 교부를 청구할 수 있다.' 부분은 청구인의 개인정보자기결정권을 침해하지 아니한다(2022. 11.24. 2021헌마130).

3. 의료기관의 장으로 하여금 보건복지부장관에게 비급여 진료비용에 관한 사항을 보고하도록 한 의료법 제45조의2 제1항 중 '비급여 진료비용'에 관한 부분은 법률유보원칙에 반하여 의사의 직업수행의 자유와 환자의 개인정보자기결정권을 침해하지 아니한다(2023.2.23. 2021헌마93).

4. 대한적십자사의 회비모금 목적으로 자료제공을 요청받은 국가와 지방자치단체는 특별한 사유가 없으면 그 자료를 제공하여야 한다는 자료제공조항과, 대한적십자사가 요청할 수 있는 자료로 세대주의 성명 및 주소를 규정한 '대한적십자사 조직법 시행령'이 과잉금지원칙에 반하여 청구인들의 개인정보자기결정권을 침해한다고 볼 수 없다(2023.2.23. 2019헌마1404).

5. '개인정보 보호법' 제28조의5는 가명정보의 재식별을 예외 없이 금지함으로써 청구인들의 개인정보자기결정권을 침해하지 않는다(2023.10.26. 2020헌마1477).

6. 의료기관의 장으로 하여금 보건복지부장관에게 비급여 진료비용에 관한 사항을 보고하도록 한 의료법 제45조의2 제1항은 과잉금지원칙에 반하여 의사의 직업수행의 자유와 환자의 개인정보자기결정권을 침해하지 아니한다(2023.2.23. 2021헌마93).

거주 · 이전의 자유

1. 지방병무청장으로 하여금 병역준비역에 대하여 27세를 초과하지 않는 범위에서 단기 국외여행을 허가하도록 한 구 '병역의무자 국외여행 업무처리 규정' 제5조는 27세가 넘은 병역준비역인 청구인의 거주 · 이전의 자유를 침해하지 않는다(2023. 2.23. 2019헌마1157).

2. **생활의 근거지에 이르지 않는 일시적 이동을 위한 장소의 선택 · 변경은 거주 · 이전의 자유에 의하여 보호되는 것이 아니므로** 집회 또는 시위를 하기 위하여 인천애(愛)뜰 중 잔디마당과 그 경계 내 부지에 대한 사용허가 신청을 한 경우 인천광역시장이 이를 허가할 수 없도록 제한하는 인천애(愛)뜰의 사용 및 관리에 관한 **조례에 의한 기본권 제한으로 볼 수 없다** (2023.9.26. 2019헌마1417).

통신의 자유

1. 인체면역결핍 바이러스에 감염된 사람이 혈액 또는 체액을 통하여 다른 사람에게 전파매개행위를 하는 것을 금지하고 이를 위반한 경우를 3년 이하의 징역형으로 처벌한다고 규정한 '후천성면역결핍증 예방법'은 과잉금지원칙을 위반하여 인체면역결핍 바이러스 감염인의 사생활의 자유 및 일반적 행동자유권을 침해하지 아니한다(2023.10.26. 2019헌가30).

2. 방송통신심의위원회가 2019.2.11. 주식회사 ○○ 외 9개 정보통신서비스제공자 등에 대하여 895개 웹사이트에 대한 접속차단의 시정을 요구한 행위는 청구인들의 통신의 비밀과 자유 및 알 권리를 침해하지 아니한다(2023.10.26. 2019헌마158).

3. 피청구인 교도소장이 수용자에게 온 서신을 개봉한 행위는 청구인의 통신의 자유를 침해하지 아니한다(2021.9.30. 2019헌마919).

4. 피청구인 교도소장이 법원, 검찰청 등이 청구인에게 보낸 문서를 열람한 행위는 수용자의 통신의 자유를 침해하지 아니한다(2021.9.30. 2019헌마919).

10 양심의 자유

1. 국가보안법 제7조 제1항 중 '찬양·고무·선전 또는 이에 동조한 자'에 관한 부분(이하 '이적행위조항'이라 한다) 및 제7조 제5항 중 '제1항 가운데 찬양·고무·선전 또는 이에 동조할 목적으로 제작·소지·운반·반포 또는 취득한 자'에 관한 부분(이하 '이적표현물조항'이라 한다)

이적행위조항에 의해 양심의 자유 내지는 사상의 자유가 제한되는 측면이 있기는 하나, 이적행위조항이 행위자가 내심의 영역에서 양심을 형성시키거나 사상을 발전시켜 나가고자 하는 자유 그 자체를 직접 제한하는 것은 아니며 찬양·고무·선전·동조 등을 통해 외부로 표출된 양심이나 사상은 표현의 자유의 보호범위에 포섭된다. 또한 이적행위조항으로 인한 학문·예술의 자유의 제한 역시 표현행위 자체를 제한함으로 인한 것이다. 따라서 이적행위조항의 위헌성은 표현의 자유 침해 여부를 기준으로 판단하면 족하다(2023.9.26. 2017헌바42등).

11 종교의 자유

1. 논산훈련소장이 개인의 자율적이고 자발적인 신앙생활이나 종교활동을 보장하는 것을 넘어, 개인의 의사에 반하여 종교행사에 참석하도록 강제하는 방법으로 군인의 정신적 전력을 제고하는 것은, 국가와 종교의 상호 분리를 요청하는 정교분리 원칙에 정면으로 위배하여 종교의 자유를 침해한다(2022.11.24. 2019헌마941).

2. 논산훈련소장이 이 사건 종교행사 참석조치를 통하여 궁극적으로는 군인의 정신적 전력을 강화하고자 하였다고 볼 수 있는 바, 일응 그 목적의 정당성을 인정할 여지가 있다. 그러나 이 사건 종교행사 참석조치는 그 수단의 적합성을 인정할 수 없다(2022.11.24. 2019헌마941).

3. 독학학위 취득시험의 시험일을 일요일로 정한 2021년도 독학에 의한 학위취득시험 시행 계획 공고는 청구인의 종교의 자유를 침해하지 아니한다(2022.12.22. 2021헌마271).

4. 연 2회 실시하는 2021년도 간호조무사 국가시험의 시행일시를 모두 토요일 일몰 전으로 정한 2021년도 간호조무사 국가시험 시행계획 공고는 청구인의 종교의 자유를 침해하지 아니한다(2023.6.29. 2021헌마171).

12 학문·예술의 자유

1. 교원, 직원, 학생 등 대학평의원회의 각 구성단위에 속하는 평의원의 수가 전체 평의원 정수의 2분의 1을 초과할 수 없도록 규정한 구 고등교육법 제19조의2 제2항 후문은 국·공립대학 교수회 및 교수들의 대학의 자율권을 침해한다고 볼 수 없다(2023.10.26. 2018헌마872).

2. 법률에 따라 국내에서 출원공개된 경우 신규성 상실의 예외를 제한하는 디자인보호법 제36조 제1항 단서 중 '법률에 따라 국내에서 출원공개된 경우'에 관한 부분이 입법형성권의 한계를 일탈하였다고 보기 어렵다(2023.7.20. 2020헌바497).

13 표현의 자유

보호영역과 제한

1. 헌법 제21조 제4항 전문은 "언론·출판은 타인의 명예나 권리 또는 공중도덕이나 사회윤리를 침해하여서는 아니 된다."라고 규정한다. 이는 언론·출판의 자유에 따르는 책임과 의무를 강조하는 동시에 언론·출판의 자유에 대한 **제한의 요건을** 명시한 규정일 뿐, 헌법상 표현의 자유의 보호영역에 대한 **한계를 설정한 것이라고 볼 수는 없으므로** 공연한 사실의 적시를 통한 명예훼손적 표현 역시 표현의 자유의 보호영역에 해당한다(2021.2.25. 2017헌마1113).

2. 집회 또는 시위를 하기 위하여 인천애(愛)뜰 중 잔디마당과 그 경계 내 부지에 대한 사용허가 신청을 한 경우 인천광역시장이 이를 허가할 수 없도록 제한하는 인천애(愛)뜰의 사용 및 관리에 관한 조례는 집회에 대한 허가제를 규정하였다고 보기 어려우므로, 헌법 제21조 제2항 위반 주장에 대해서는 나아가 살펴보지 않기로 한다(2023.9.26. 2019헌마1417).

3. 신문의 편집인 등으로 하여금 아동보호사건에 관련된 아동학대행위자를 특정하여 파악할 수 있는 인적 사항 등을 신문 등 출판물에 싣거나 방송매체를 통하여 방송할 수 없도록 하는 '아동학대범죄의 처벌 등에 관한 특례법'은 언론·출판의 자유와 알 권리를 제한한다(2022.10.27. 2021헌가4).

4. 남북합의서 위반행위로서 전단등 살포를 하여 국민의 생명·신체에 위해를 끼치거나 심각한 위험을 발생시키는 것을 금지하는 남북관계 발전에 관한 법률 제24조 제1항 제3호로 **한반도 군사분계선 이남 지역에 거주하고 있는 청구인들의 알 권리는 제한되지 않는다**(2023.9.26. 2020헌마1724).

5. 변호사 광고금지는 **언론·출판의 자유와 직업수행의 자유도 동시에 제한하게 된다.** **재산권을 제한한다고 보기 어렵다.** 변호사 광고금지에 대해 헌법 제119조에 관한 주장 역시 직업의 자유 침해 여부에 대하여 심사하는 것으로 충분하므로 별도로 판단하지 않는다(2022.5.26. 2021헌마619).

침해인 것

1. 실명확인조항을 비롯하여, 행정안전부장관 및 신용정보업자는 실명인증자료를 관리하고 중앙선거관리위원회가 요구하는 경우 지체 없이 그 자료를 제출해야 하며, 실명확인을 위한 기술적 조치를 하지 아니하거나 실명인증의 표시가 없는 정보를 삭제하지 않는 경우 과태료를 부과하도록 정한 공직선거법조항이 게시판 등 이용자의 익명표현의 자유 및 개인정보자기결정권과 인터넷언론사의 언론의 자유를 침해한다(2021.1.28. 2018헌마456). 그러나 명확성원칙에 반하지 않는다.

2. 정치자금법에 따라 회계보고된 자료의 열람기간을 3월간으로 제한한 정치자금법 제42조 제2항 본문 중 '3월간' 부분이 과잉금지원칙에 위배되어 청구인 신○○의 알 권리를 침해한다(2021.5.27. 2018헌마1168).

3. 남북합의서 위반행위로서 전단등 살포를 하여 국민의 생명·신체에 위해를 끼치거나 심각한 위험을 발생시키는 것을 금지하는 남북관계 발전에 관한 법률 제24조 제1항 제3호 및 이에 위반한 경우 처벌하는 같은 법 제25조 중 제24조 제1항 제3호에 관한 부분에 대해 표현의 내용을 제한하는 결과를 가져오는바, 국가가 표현 내용을 규제하는 것은 원칙적으로 중대한 공익의 실현을 위하여 불가피한 경우에 한하여 허용되고, 특히 정치적 표현의 내용 중에서도 특정한 견해, 이념, 관점에 기초한 제한은 과잉금지원칙 준수 여부를 심사할 때 더 엄격한 기준이 적용되어야 한다. 과잉금지원칙에 위배되어 청구인들의 표현의 자유를 침해한다. 그러나 남북합의서 위반행위로서 전단등 살포를 하여 국민의 생명·신체에 위해를 끼치거나 심각한 위험을 발생시키는 것을 금지하는 남북관계 발전에 관한 법률은 **헌법 제21조 제2항이 금지하고 있는 '검열'에 해당한다고 보기는 어렵다**(2023.9.26. 2020헌마1724).

4. 사회복무요원의 '그 밖의 정치단체에 가입하는 등 정치적 목적을 지닌 행위'를 금지한 병역법은 명확성원칙에 위배된다(2021.11.25. 2019헌마534).

5. 정보위원회 회의는 공개하지 아니한다고 정하고 있는 국회법 제54조의2 제1항 본문이 의사공개원칙에 위배되어 청구인들의 알 권리를 침해를 침해한다(2022.1.27. 2018헌마1162).

6. 변호사 또는 소비자로부터 금전·기타 경제적 대가(알선료, 중개료, 수수료, 회비, 가입비, 광고비 등 명칭과 정기·비정기 형식을 불문한다)를 받고 법률상담 또는 사건등을 소개·알선·유인하기 위하여 변호사등과 소비자를 연결하거나 변호사등을 광고·홍보·소개하는 행위를 금지한 변호사 광고에 관한 규정 중 '변호사등을 광고·홍보·소개하는 행위' 부분이 과잉금지원칙에 위반하여 청구인들의 표현의 자유, 직업의 자유를 침해한다(2022.5.26. 2021헌마619).

7. 협회의 유권해석에 반하는 내용의 광고를 금지하는 변호사 광고에 관한 규정, 협회의 회규, 유권해석에 위반되는 행위를 목적 또는 수단으로 하여 행하는 법률상담 광고를 금지하는 변호사 광고에 관한 규정이 법률유보원칙을 위반하여 청구인들의 표현의 자유, 직업의 자유를 침해한다(2022.5.26. 2021헌마619).

8. 대통령관저, 국회의장 공관의 경계 지점으로부터 100미터 이내의 장소에서의 옥외집회 또는 시위를 일률적으로 금지하고, 이를 위반한 집회·시위의 참가자를 처벌하는 구 '집회 및 시위에 관한 법률'은 입법목적 달성을 위한 적합한 수단이다. 피해의 최소성에 반하여 집회의 자유를 침해한다(2022.12.22. 2018헌바48 ; 2023.3.23. 2021헌가1).

9. 집회 또는 시위를 하기 위하여 인천애(愛)뜰 중 잔디마당과 그 경계 내 부지에 대한 사용허가 신청을 한 경우 인천광역시장이 이를 허가할 수 없도록 제한하는 인천애(愛)뜰의 사용 및 관리에 관한 조례는 과잉금지원칙에 위배되어 청구인들의 집회의 자유를 침해한다(2023.9.26. 2019헌마1417). 다만, 법률유보원칙에 위배되지 않는다.

1. '변호사의 공공성이나 공정한 수임질서를 해치거나 소비자에게 피해를 줄 우려가 있는 광고에 참여 또는 협조하여서는 아니 된다'는 변호사 광고에 관한 규정은 법률유보원칙에 위배되지 아니한다(2022.5.26. 2021헌마619).

2. '공정한 수임질서를 저해할 우려가 있는 무료 또는 부당한 염가' 법률상담 방식에 의한 광고를 금지하는 변호사 광고에 관한 규정은 법률유보원칙에 위배에 위배되지 아니한다(2022.5.26. 2021헌마619).

3. 법률사무의 수임료에 관하여 공정한 수임질서를 저해할 우려가 있는 무료 또는 부당한 염가를 표방하는 광고와 변호사 등은 무료 또는 부당한 염가의 법률상담 방식에 의한 광고를 금지하는 변호사 광고에 관한 규정은 과잉금지원칙에 위반되지 아니한다(2022.5.26. 2021헌마619).

4. 수사기관과 행정기관의 처분 · 법원 판결 등의 결과 예측을 표방하는 광고와 변호사등이 아님에도 수사기관과 행정기관의 처분 · 법원 판결 등의 결과 예측을 표방하는 서비스를 취급 · 제공하는 행위를 금지하는 변호사 광고에 관한 규정은 과잉금지원칙에 위반되지 아니한다(2022.5.26. 2021헌마619).

5. 변호사 또는 소비자로부터 금전 · 기타 경제적 대가(알선료, 중개료, 수수료, 회비, 가입비, 광고비 등 명칭과 정기 · 비정기 형식을 불문한다)를 받고 법률상담 또는 사건 등을 소개 · 알선 · 유인하기 위하여 변호사등과 소비자를 연결하거나 변호사 등을 광고 · 홍보 · 소개하는 행위를 금지하는 변호사 광고에 관한 규정 중 '변호사등과 소비자를 연결하거나' 부분은 과잉금지원칙에 위반하지 아니한다(2022.5.26. 2021헌마619).

6. 국가기관, 지방자치단체, '공공기관의 운영에 관한 법률' 제5조 제3항에 따른 공기업 · 준정부기관 및 '지방공기업법'에 따른 지방공사 · 지방공단으로 하여금 정보통신망 상에 게시판을 설치 · 운영하려면 게시판 이용자의 본인 확인을 위한 방법 및 절차의 마련 등 대통령령으로 정하는 필요한 조치를 하도록 규정한 '정보통신망 이용촉진 및 정보보호 등에 관한 법률'은 익명표현의 자유를 침해하지 않는다(2022.12.22. 2019헌마654).

7. 공정거래위원회의 처분과 관련된 자료를 대상으로 한 당사자의 열람 · 복사 요구에 대하여 공정위로 하여금 자료를 제출한 자의 동의가 있거나 공익상 필요하다고 인정할 때에는 이에 응하도록 한 구 '독점규제 및 공정거래에 관한 법률'은 과잉금지원칙에 위반되어 알 권리를 침해하지 않는다(2023.7.20. 2019헌바417).

8. 사람을 비방할 목적으로 정보통신망을 통하여 공공연하게 사실을 드러내어 다른 사람의 명예를 훼손한 자를 형사처벌하도록 규정한 것은 표현의 자유를 침해하지 아니한다(2023.9.26. 2021헌바281).

9. 공연히 사실을 적시하여 사람의 명예를 훼손한 자를 형사처벌하도록 규정한 형법 제307조 제1항이 표현은 자유를 침해를 침해하지 아니한다(2021.2.25. 2017헌마1113).

10. 사람을 비방할 목적으로 정보통신망을 통하여 공공연하게 거짓의 사실을 드러내어 다른 사람의 명예를 훼손한 자를 형사처벌하도록 규정한 정보통신망 이용촉진 및 정보보호 등에 관한 법률은 과잉금지원칙에 반하여 표현의 자유를 침해하지 아니한다(2021.3.25. 2015헌바438).

11. '집회' 개념이 불명확하여, 옥외집회의 사전신고제도를 규정한 구 '집회 및 시위에 관한 법률' 제6조 제1항 본문 중 '옥외집회'에 관한 부분 및 그 위반시 처벌을 규정한 '집회 및 시위에 관한 법률' 제22조 제2항 중 제6조 제1항 본문 가운데 '옥외집회'에 관한 부분은 죄형법정주의 명확성원칙과 과잉금지원칙에 위배되지 않는다(2021.6.24. 2018헌마663).

12. 운송사업자로 구성된 협회로 하여금 연합회에 강제로 가입하게 하고 임의로 탈퇴할 수 없도록 하는 '화물자동차 운수사업법' 제50조 제1항은 결사의 자유를 침해한다고 볼 수 없다(2022.2.24. 2018헌가8).

13. 신문의 편집인 등으로 하여금 아동보호사건에 관련된 아동학대행위자를 특정하여 파악할 수 있는 인적 사항 등을 신문 등 출판물에 싣거나 방송매체를 통하여 방송할 수 없도록 하는 '아동학대범죄의 처벌 등에 관한 특례법' 제35조 제2항 중 '아동학대행위자'에 관한 부분은 언론·출판의 자유, 국민의 알 권리를 침해하지 않는다(2022.10.27. 2021헌가4).

14. 사회복무요원의 정당가입금지는 법익의 균형성에도 위배되지 않는다(2021.11.25. 2019헌마534).

15. 정보통신망을 통하여 음란한 화상 또는 영상을 공공연하게 전시하여 유통하는 것을 금지하고 이를 위반하는 자를 처벌하도록 정한 '정보통신망 이용촉진 및 정보보호 등에 관한 법률'은 과잉금지원칙에 위배되어 표현의 자유를 침해하지 않는다(2023.2.23. 2019헌바305).

16. 대한민국을 방문하는 외국의 국가 원수를 경호하기 위하여 지정된 경호구역 안에서 서울종로경찰서장이 안전 활동의 일환으로 청구인들의 삼보일배행진을 제지한 행위 등이 청구인들의 집회 또는 시위의 자유를 침해하였다고 할 수 없다(2021.10.28. 2019헌마1091).

17. 농협중앙회장 선출행위는 결사 내 업무집행 및 의사결정기관의 구성에 관한 자율적인 활동이라 할 수 있으므로 이는 결사의 자유의 보호범위에 속한다. 농업협동조합중앙회회장선거의 관리를 선거관리위원회법에 따른 중앙선거관리위원회에 위탁하도록 한 농업협동조합법은 결사의 자유를 침해한다고 볼 수 없다(2023.5.25. 2021헌바136).

18. 외교기관 인근의 옥외집회 또는 시위를 예외적으로 허용하는 구 '집회 및 시위에 관한 법률'은 헌법 제21조 제2항의 허가제 금지에 위배되지 않는다. 또한 과잉금지원칙에 위반하여 집회의 자유를 침해하지 않는다(2023.7.20. 2020헌바131).

14 재산권

보호영역

1. 육아휴직 급여수급권은 경제적 가치가 있는 권리로서 헌법 제23조에 의하여 보장되는 재산권의 성격도 가지고 있다(2023.2.23. 2018헌바240).

2. 청구인들이 이 사건 주택특별공급을 신청할 수 있는 지위에 있었다고 하더라도 이는 그 자체로 어떠한 확정적인 권리를 취득한 것이 아니라, 이 사건 주택특별공급에 당첨될 수 있을 것이라는 단순한 기대이익을 가진 것에 불과하므로, 행정중심복합도시 예정지역 공급주택의 이전기관 종사자 특별공급 비율 폐지고시가 청구인들의 재산권을 침해할 가능성은 인정되지 않는다(2022.12.22. 2021헌마902).

3. 택시운송사업자의 영리 획득의 기회나 사업 영위를 위한 사실적 · 법적 여건은 헌법상 보장되는 재산권에 속하지 아니한다. 따라서 일반택시운송사업에서 운전업무에 종사하는 근로자의 최저임금에 산입되는 임금의 범위는 생산고에 따른 임금을 제외한 대통령령으로 정하는 임금으로 하도록 한 최저임금법이 택시운송사업자의 재산권을 제한한다고 볼 수 없다(2023.2.23. 2020헌바1).

4. 헌법 제23조 집합제한 조치로 발생한 손실을 보상하는 규정을 두지 않은 구 '감염병의 예방 및 관리에 관한 법률'로 청구인들이 소유하는 영업 시설 · 장비 등에 대한 구체적인 사용 · 수익 및 처분권한을 제한받는 것은 아니므로, 보상규정의 부재가 청구인들의 재산권을 제한한다고 볼 수 없다(2023.6.29. 2020헌마1669).

헌법 제23조 제3항

1. 통일부장관이 2010.5.24. 발표한 북한에 대한 신규투자 불허 및 진행 중인 사업의 투자확대 금지 등을 내용으로 하는 대북조치는 헌법 제23조 제3항 소정의 재산권의 공용제한에 해당하지 않는다(2022.5.26. 2016헌마95).

2. 토지구획정리사업에 있어 학교교지를 환지처분의 공고가 있은 다음 날에 국가 등에 귀속하게 하되, 유상으로 귀속되도록 한 구 토지구획정리사업법 제63조는 헌법 제23조 제3항의 수용에 해당하지 않고, 유상조항이 수용에 대한 보상의 의미를 가지는 것도 아니므로, 그 위헌 여부에 관하여 정당한 보상의 원칙에 위배되는지는 문제되지 않는다(2021.4.29. 2019헌바444).

3. 개성공단 전면중단 조치는 공익 목적을 위하여 개별적, 구체적으로 형성된 구체적인 재산권의 이용을 제한하는 공용 제한이 아니므로, 이에 대한 정당한 보상이 지급되지 않았다고 하더라도, 그 조치가 헌법 제23조 제3항을 위반하여 개성공단 투자기업인 청구인들의 재산권을 침해한 것으로 볼 수 없다(2022.1.27. 2016헌마364).

4. 통일부장관이 2010.5.24. 발표한 북한에 대한 신규투자 불허 및 진행 중인 사업의 투자확대 금지 등을 내용으로 하는 대북조치로 인해 재산상 손실에 대하여 보상규정을 두어야 할 입법의무가 도출된다고 할 수 없다(2022.5.26. 2016헌마95).

침해인 것

1. 요양기관이 의료법 제33조 제2항을 위반하였다는 사실을 수사기관의 수사 결과로 확인한 경우 공단으로 하여금 해당 요양기관이 청구한 요양급여비용의 지급을 보류할 수 있도록 규정한 구 국민건강보험법 제47조의2 제1항은 의료기관 개설자의 재산권을 침해한다(2023.3.23. 2018헌바433). 다만, 무죄추정의 원칙에 위반된다고 볼 수 없다.

2. 선출직 공무원으로서 받게 되는 보수가 기존의 연금에 미치지 못하는 경우에도 연금 전액의 지급을 정지하도록 정한 구 공무원연금법 제47조 제1항 제2호 중 '지방의회의원'에 관한 부분은 과잉금지원칙에 위배되어 재산권을 침해한다(2022.1.27. 2019헌바161).

침해가 아닌 것

1. 특별관리지역 지정 이전부터 공공주택 특별법 또는 '개발제한구역의 지정 및 관리에 관한 특별조치법'에 따른 적법한 허가 등을 거치지 아니하고 설치하거나 용도변경한 건축물 등에 대한 시정명령을 이행하지 아니한 경우 이행강제금을 부과함에 있어 그 부과기준에 대하여 개발제한구역법 제30조의2 제1항 및 제4항을 준용하는 공공주택 특별법 제6조의5 제2항이 재산권을 침해한다고 할 수 없다(2021.4.29. 2018헌바516).

2. 토지구획정리사업에 있어 학교교지를 환지처분의 공고가 있은 다음 날에 국가 등에 귀속하게 한 귀속조항이 과잉금지원칙에 위배되어 사업시행자의 재산권을 침해한다고 할 수 없다(2021.4.29. 2019헌바444).

3. 경유를 연료로 사용하는 자동차의 소유자로부터 환경개선부담금을 부과·징수하도록 정한 환경개선비용 부담법 제9조 제1항이 과잉금지원칙을 위반하여 경유차 소유자의 재산권을 침해한다고 볼 수 없다(2022.6.30. 2019헌바440).

4. 재혼을 유족연금수급권 상실사유로 규정한 구 공무원연금법 제59조 제1항 제2호 중 '유족연금'에 관한 부분이 재혼한 배우자의 인간다운 생활을 할 권리와 재산권을 침해하였다고 볼 수 없다(2022.8.31. 2019헌가31).

5. 육아휴직 급여를 육아휴직이 끝난 날 이후 12개월 이내에 신청하도록 한 고용보험법 제70조 제2항은 육아휴직 급여수급권자의 인간다운 생활을 할 권리나 재산권을 침해한다고 볼 수 없다(2023.2.23. 2018헌바240).

6. 임대주택 임대사업자로 하여금 특별수선충당금 전부를 적립하도록 규정한 구 임대주택법 제17조는 재산권을 침해하지 아니한다(2023.5.25. 2019헌바132).

7. 개성공단

가. 피청구인 대통령이 2016.2.10.경 개성공단의 운영을 즉시 전면 중단하기로 결정하고, 피청구인 통일부장관은 피청구인 대통령의 지시에 따라 철수계획을 마련하여 관련 기업인들에게 통보한 다음 개성공단 전면중단 성명을 발표하고, 이에 대응한 북한의 조치에 따라 개성공단에 체류 중인 국민들 전원을 대한민국 영토 내로 귀환하도록 한 일련의 행위로 이루어진 개성공단 전면중단 조치가 헌법소원심판의 대상이 될 수 있다.

나. 국민의 기본권 제한과 직접 관련된 공권력의 행사는 고도의 정치적 고려가 필요한 대통령의 행위라도 <u>국민의 기본권 보장을 사명으로 하는 헌법재판소 본연의 임무이므로, 그 한도에서 헌법소원심판의 대상이 될 수 있다고 보아야 한다. 따라서 이 사건 중단조치에 대한 헌법소원심판이 사법심사가 배제되는 행위를 대상으로 한 것이어서 부적법하다고는 볼 수 없다.</u>

다. <u>헌법 제66조, 정부조직법 제11조도 피청구인 대통령이 관여한 이 사건 중단조치의 헌법적, 법률적 근거가 될 수 있다.</u>

라. <u>이 사건 중단조치가 긴급재정경제처분·명령의 형태로 취해지지 않았다고 하더라도 헌법과 법률에 근거하지 않은 조치라고 볼 수는 없다.</u>

마. <u>대통령이 개성공단의 운영 중단 결정 과정에서 **국무회의 심의를 거치지 않았더라도** 그 결정에 헌법과 법률이 정한 절차를 위반한 하자가 있다거나, 적법절차원칙에 따라 필수적으로 요구되는 절차를 거치지 않은 흠결이 있다고 할 수 없다.</u>

바. 개성공단 전면중단 조치가 과잉금지원칙을 위반하여 청구인들의 영업의 자유와 재산권을 침해하지 아니한다.

사. 개성공단 전면중단 조치가 신뢰보호원칙을 위반하여 청구인들의 영업의 자유와 재산권을 침해하지 아니한다(2022.1.27. 2016헌마364).

직업의 자유

침해인 것

1. **소송사건의 대리인인 변호사가 수형자를 접견하고자 하는 경우 소송계속 사실을 소명할 수 있는 자료를 제출하도록 규정하고 있는 '형의 집행 및 수용자의 처우에 관한 법률 시행규칙'**

직업수행의 자유를 제한하나 접견의 상대방인 수형자의 재판청구권이 제한되는 효과도 함께 고려되어야 하므로, 그 심사의 강도는 일반적인 경우보다 엄격하게 해야 할 것이다.

심판대상조항은 '집사 변호사' 등의 접견권 남용을 방지하고 수용질서와 규율을 유지하며, 수형자의 변호사접견을 원활하게 하기 위해 정당한 입법목적을 가진다. 심판대상조항이 실효적인 수단이 아니며, 수형자의 재판청구권을 방해한다. 변호사접견을 이용하는 변호사와 수형자에게 필요한 소송준비를 일반접견으로는 충분히 제공하기 어렵다. 이미 시간과 횟수가 제한된 변호사접견과 달리, 변호사접견을 금지하는 심판대상조항은 불필요하게 변호사접견을 제한하며, 문제를 사후적으로 제재할 방법이 이미 마련되어 있다. 소송준비의 필요성과 관계없는 예외 조항들이 있어 침해의 최소성 원칙에 위배된다. 변호사접견 제한으로 인한 공익은 크지 않으며, 변호사와 수형자의 권리가 과도하게 침해된다. 일반접견의 시간과 조건이 변호사접견에 비해 크게 불리하여 수형자의 재판청구권이 심각하게 제한된다(2021.10.28. 2018헌마60).

2. 시설경비업을 허가받은 경비업자로 하여금 허가받은 경비업무 외의 업무에 경비원을 종사하게 하는 것을 금지하고, 이를 위반한 경비업자에 대한 허가를 취소하도록 정하고 있는 경비업법은 직업의 자유를 침해한다(2023.3.23. 2020헌가19).

3. 법무부장관이 2020.11.23.에 한 '코로나19 관련 제10회 변호사시험 응시자 유의사항 등 알림' 중 코로나바이러스감염증-19확진환자의 시험 응시를 금지한 부분이 청구인들의 직업선택의 자유를 침해한다(2023.2.23. 2020헌마1736).

4. 집단급식소에 근무하는 영양사의 직무를 규정한 조항인 식품위생법 제52조 제2항을 위반한 자를 처벌하는, 식품위생법 제96조에 대해 5인은 죄형법정주의의 명확성원칙에 위반된다고 하였고 2인은 명확성원칙 위반은 아니나 과잉금지원칙에 위반된다고 보았다(2023.3.23. 2019헌바141).

침해가 아닌 것

1. 민사재판, 행정재판, 헌법재판 등에서 소송사건의 대리인이 되려고 하는 변호사는 아직 소송대리인으로 선임되기 전이라는 이유로 접촉차단시설이 설치된 장소에서 일반접견의 형태로 수용자를 접견하도록 한 '형의 집행 및 수용자의 처우에 관한 법률 시행령'은 변호사인 청구인의 직업수행의 자유를 제한한다. 변호사인 청구인의 직업수행의 자유를 침해하는지 여부를 판단함에 있어 검토하는 것으로 충분하고, 재판청구권 침해 여부를 따로 판단하지 않는다. 접촉차단시설이 설치되지 않은 장소에서의 수용자 접견 대상을 소송사건의 대리인인 변호사로 한정한 구 '형의 집행 및 수용자의 처우에 관한 법률 시행령' 제58조 제4항 제2호가 변호사인 청구인의 직업수행의 자유를 침해한다고 할 수 없다(2022.2.24. 2018헌마1010).

2. 변호사의 자격이 있는 자에게 더 이상 세무사 자격을 부여하지 않는 구 세무사법은 직업선택의 자유를 침해한다고 볼 수 없다(2021.7.15. 2018헌마27).

3. 변호사시험에 응시하려는 사람이 납부하여야 할 응시 수수료를 일률적으로 20만원으로 정하고 있는 변호사시험법 시행규칙은 직업의 자유를 침해하지 않는다(2021.10.28. 2020헌마1283).

4. 안경사면허를 가진 자연인에게만 안경업소의 개설 등을 할 수 있도록 한 구 의료기사 등에 관한 법률은 자연인 안경사와 법인의 직업의 자유를 제한한다. 사안과 가장 밀접한 관계에 있고 또 침해의 정도가 큰 주된 기본권인 직업의 자유 침해 여부를 심사하는 이상 결사의 자유 침해 여부는 별도로 판단하지 않는다. 자연인 안경사와 법인의 직업의 자유를 침해하지 아니한다(2021.6.24. 2017헌가31).

5. 의료인의 의료기관 중복 개설을 금지하는 의료법이 의료인의 직업수행의 자유를 침해한다고 볼 수 없다(2021.6.24. 2019헌바342).

6. 주류 판매업면허를 받은 자가 타인과 동업 경영을 하는 경우 관할 세무서장이 해당 주류 판매업자의 면허를 필요적으로 취소하도록 한 구 주세법은 판매면허업자의 직업의 자유를 침해하지 않는다(2021.4.29. 2020헌바328).

7. 지역아동센터 시설별 신고정원의 80% 이상을 돌봄취약아동으로 구성하도록 정한 '2019년 지역아동센터 지원 사업안내'(이하 '이 사건 이용아동규정'이라 한다)는 과잉금지원칙을 위반하여 청구인 운영자들의 직업수행의 자유 및 청구인 아동들의 인격권을 침해하지 않는다(2022.1.27. 2019헌마583).

8. 교육환경보호구역 중 절대보호구역으로 설정·고시할 지역에 관하여 규정한 '교육환경 보호에 관한 법률' 제8조 제1항 제1호 중 '학교출입문으로부터 직선거리로 50미터까지인 지역' 부분(이하 '절대보호구역 설정 조항'이라 한다)과 '이 사건 금지 조항'은 과잉금지원칙을 위반하여 교육환경보호구역 내에서 휴양콘도미니엄을 신축하여 영업하려는 자의 직업수행의 자유 및 재산권을 침해하지 아니한다(2022.8.31. 2020헌바307).

9. 누구든지 약사법 제42조 제1항을 위반하여 수입된 의약품을 판매하거나 판매할 목적으로 저장 또는 진열하여서는 아니 된다고 규정한 구 약사법은 과잉금지원칙에 위배되어 직업수행의 자유를 침해하지 아니한다(2022.10.27. 2020헌바375).

10. 폐기물처리업자로 하여금 환경부령으로 정하는 바에 따라 폐기물을 허가받은 사업장 내 보관시설이나 승인받은 임시보관시설 등 적정한 장소에 보관하도록 하고, 이를 위반할 경우 형사처벌하도록 한 폐기물관리법이 과잉금지원칙에 위반되어 폐기물처리업자의 직업의 자유를 침해한다고 할 수 없다(2023.2.23. 2020헌바504).

11. 위생안전기준 적합 여부에 대하여 수도법상 인증을 받은, 물에 접촉하는 수도용 제품이 수도법상 정기검사 기준에 적합하지 아니한 경우 환경부장관이 그 인증을 필요적으로 취소하도록 하는 수도법이 과잉금지원칙에 위반되어 수도용 제품 제조업자의 직업수행의 자유를 침해한다고 할 수 없다(2023.2.23. 2021헌바179).

12. 경비업자가 시설경비업무 또는 신변보호업무 중 집단민원현장에 일반경비원을 배치하는 경우 경비원을 배치하기 48시간 전까지 배치허가를 신청하고 허가를 받도록 정한 경비업법 제18조 제2항은 과잉금지원칙을 위반하여 경비업자의 직업수행의 자유를 침해하지 않는다(2023.2.23. 2018헌마246).

13. 행정사로 하여금 그 사무소 소재지를 관할하는 특별시장·광역시장·특별자치시장·도지사·특별자치도지사가 시행하는 연수교육을 받도록 하는 행정사법 제25조 제3항이 청구인의 직업의 자유를 침해한다고 할 수 없다(2023.3.23. 2021 헌마50).

14. 어린이집 원장 또는 보육교사가 아동학대관련범죄로 처벌을 받은 경우 행정청이 재량으로 그 자격을 취소할 수 있도록 정한 영유아보육법 제48조 제1항 제3호 중 '아동복지법 제17조 제5호를 위반하여 아동복지법 제71조 제1항 제2호에 따라 처벌받은 경우'에 관한 부분이 직업선택의 자유를 침해한다고 할 수 없다(2023.5.25. 2021헌바234).

15. 동물약국 개설자가 수의사 또는 수산질병관리사의 처방전 없이 판매할 수 없는 동물용의약품을 규정한 '처방대상 동물용 의약품 지정에 관한 규정' 제3조는 동물약국 개설자인 청구인들의 직업수행의 자유를 침해하지 아니한다(2023.6.29. 2021헌마199).

16. 문화체육관광부장관이 정부광고 업무를 한국언론진흥재단에 위탁하도록 한, '정부기관 및 공공법인 등의 광고시행에 관한 법률 시행령' 제6조 제1항이 광고대행업에 종사하는 청구인들의 직업수행의 자유를 침해한다고 볼 수 없다(2023.6.29. 2019헌마227).

17. 공기업 등으로부터 입찰참가자격제한처분을 받은 자가 국가 중앙관서나 다른 공기업 등이 집행하는 입찰에 참가할 수 없도록 한 구 '국가를 당사자로 하는 계약에 관한 법률 시행령'이 과잉금지원칙에 위배하여 직업수행의 자유를 침해한다고 볼 수 없다(2023.7.20. 2017헌마1376).

18. 금고 이상의 형의 집행유예선고를 받고 그 유예기간 중에 있는 자는 특수경비원이 될 수 없다고 규정한 구 경비업법 제10조 제2항 제2호 중 제1항 제4호에 관한 부분이 과잉금지원칙에 위배하여 특수경비원의 직업의 자유를 침해한다고 볼 수 없다(2023.6.29. 2021헌마157).

19. 간행물 판매자에게 정가 판매 의무를 부과하고, 가격할인의 범위를 가격할인과 경제상의 이익을 합하여 정가의 15퍼센트 이하로 제한하는 출판문화산업 진흥법 제22조 제4항·제5항이 과잉금지원칙에 위배되어 청구인의 직업의 자유를 침해한다고 볼 수 없다(2023.7.20. 2020헌마104).

20. 사회복지사업법을 위반하여 100만원 이상의 벌금형을 선고받고 그 형이 확정된 후 5년이 지나지 아니한 사람에 해당하는 경우 사회복지법인 임원의 자격을 상실하도록 규정한 구 사회복지사업법 제19조 제2항 중 제1항 제1호의7 가목 가운데 '이 법을 위반하여'에 관한 부분이 직업선택의 자유를 침해한다고 볼 수 없다(2023.9.26. 2021헌바240).

21. 공기업이 공기업의 업무를 수행하던 비정규직 근로자를 정규직 근로자로 고용한 공기업의 자회사와 수의계약을 체결할 수 있도록 한 '공기업·준정부기관 계약사무규칙'은 과잉금지원칙에 위배하여 직업수행의 자유를 침해하지 않는다(2023. 10.26. 2019헌마871).

22. 생활폐기물 수집·운반 대행계약과 관련하여 뇌물공여, 사기 등 범죄를 범하여 일정한 형을 선고받은 자를 3년간 대행계약 대상에서 제외하도록 규정한 폐기물관리법 제14조 제8항 제7호는 과잉금지원칙에 위배되어 청구인의 직업수행의 자유를 침해하지 않는다(2023.12.21. 2020헌바189).

23. 시장·군수·구청장이 지방자치단체의 조례로 정하는 바에 따라 일정한 구역을 지정·고시하여 가축의 사육을 제한할 수 있도록 한 '가축분뇨의 관리 및 이용에 관한 법률' 제8조 제1항 본문은 과잉금지원칙에 위배되지 아니한다(2023.12.21. 2020헌바374).

15 정당제도

1. 지방의원 후원회를 금지한 정치자금법은 평등권을 침해한다(2022.11.24. 2019헌마528).

2. 정당의 시·도당은 1천인 이상의 당원을 가져야 한다고 규정한 정당법 제18조 제1항(이하 '법정당원수 조항'이라 한다)이 과잉금지원칙을 위반하여 각 시·도당창당준비위원회의 대표자인 청구인들의 정당의 자유를 침해한다고 할 수 없다(2022. 11.24. 2019헌마445).

3. 국회의원이 아닌 정당 소속 당원협의회 위원장을 후원회지정권자에서 제외하고 있는 정치자금법 제6조 제2호가 청구인들의 평등권을 침해한다고 할 수 없다(2022.10.27. 2018헌마972).

4. 일반직 공무원의 후원회가입을 금지하는 정치자금법 제8조 제1항이 정치활동의 자유 내지 정치적 의사표현의 자유를 침해한다고 할 수 없다(2022.10.27. 2019헌마1271).

5. 정당등록제도는 정당제도의 법적 안정성과 확실성을 확보하기 위하여 정당임을 자처하는 정치적 결사가 일정한 법률상의 요건을 갖추어 관할 행정기관에 등록을 신청하고, 이 요건이 충족된 경우 정당등록부에 등록하여 비로소 그 결사가 정당임을 법적으로 확인시켜 주는 제도이다. 정당법에 명시된 요건이 아닌 다른 사유로 정당등록신청을 거부하는 등으로 정당설립의 자유를 제한할 수 없다(2023.2.23. 2020헌마275).

6. 정당은 수도에 소재하는 중앙당과 5 이상의 특별시·광역시·도에 각각 소재하는 시·도당을 갖추어야 한다고 정한 정당법 제3조, 제4조 제2항 중 제17조에 관한 부분, 제17조가 청구인들의 기본권을 침해하고 전국정당조항은 정당의 자유를 침해한다고 볼 수 없다(2023.9.26. 2021헌가23).

7. 정치자금법에 정하지 않은 방법으로 정치자금을 기부받는 것을 금지하는 조항이 과잉금지원칙에 위배되어 정치인에게 기부하는 자의 정치활동 내지 정치적 표현의 자유를 침해한다고 할 수 없다(2023.10.26. 2020헌바402).

8. 국회의원에 대해서는 상시 후원회를 통하여 정치자금을 모금할 수 있도록 한 반면, 국회의원이 아닌 원외 당협위원장 또는 국회의원선거를 준비하는 자 등을 후원회지정권자에서 제외하여 정치자금을 모금할 수 없도록 하고 이를 위반하면 처벌하는 것이 평등원칙에 위배되지 않는다(2023.10.26. 2020헌바402).

16 선거제도

침해인 것

1. 재외투표기간 개시일 이후 귀국한 재외선거인에 대해 국내에서 선거일에 투표할 수 있도록 하는 절차를 마련하지 아니한 공직선거법 제218조의16은 청구인의 선거권을 침해한다(2022.1.27. 2020헌마895).

2. 선거운동기간 전에 개별적으로 대면하여 말로 하는 선거운동을 금지한 구 공직선거법 제59조 부분이 과잉금지원칙에 반하여 선거운동 등 정치적 표현의 자유를 침해한다(2022.2.24. 2018헌바146).

3. 누구든지 선거일 전 180일(보궐선거등에서는 그 선거의 실시사유가 확정된 때)부터 선거일까지 선거에 영향을 미치게 하기 위한 벽보 게시, 인쇄물 배부·게시를 금지하는 공직선거법 제93조 제1항 본문 중 '벽보 게시, 인쇄물 배부·게시'에 관한 부분 및 이에 위반한 경우 처벌하는 공직선거법 제255조 제2항 제5호 중 '제93조 제1항 본문의 벽보 게시, 인쇄물 배부·게시'에 관한 부분이 정치적 표현의 자유를 침해한다(2022.7.21. 2017헌바100).

4. 일정기간 선거에 영향을 미치게 하기 위한 광고, 문서·도화의 첩부·게시를 금지하는 공직선거법 제93조 제1항 본문 중 '광고, 문서·도화 첩부·게시'에 관한 부분 및 이에 위반한 경우 처벌하는 공직선거법 제255조 제2항 제5호 중 '제93조 제1항 본문의 광고, 문서·도화 첩부·게시'에 관한 부분이 정치적 표현의 자유를 침해한다(2022.7.21. 2018헌바357).

5. 선거일 전 180일부터 선거일까지 선거에 영향을 미치게 하기 위하여 선거에 영향을 미치게 하기 위한 광고물의 설치·진열·게시나 표시물의 착용을 금지하는 공직선거법 제90조 제1항 제1호는 정치적 표현의 자유를 침해한다(2022.7.21. 2017헌가1).

6. 선거운동기간 중 어깨띠 등 표시물을 사용한 선거운동을 금지한 공직선거법 제68조 제2항 및 이에 위반한 경우 처벌하는 같은 법 제255조 제1항 제5호는 정치적 표현의 자유를 침해한다(2022.7.21. 2017헌가4).

7. 선거기간 중 선거에 영향을 미치게 하기 위한 그 밖의 집회나 모임의 개최를 금지하는 공직선거법 제103조 제3항 중 '누구든지 선거기간 중 선거에 영향을 미치게 하기 위하여 그 밖의 집회나 모임을 개최할 수 없다' 부분 및 이에 위반한 경우 처벌하는 공직선거법 제256조 제3항 제1호가 집회의 자유, 정치적 표현의 자유를 침해한다(2022.7.21. 2018헌바357).

8. 선거일 전 180일부터 선서일까지 선거에 영향을 미치게 하기 위한 현수막, 그 밖의 광고물의 게시를 금지하는 공직선거법 제90조 제1항 제1호 중 '현수막, 그 밖의 광고물 게시'에 관한 부분 및 이에 위반한 경우 처벌하는 공직선거법 제256조 제3항 제1호 아목 중 '제90조 제1항 제1호의 현수막, 그 밖의 광고물 게시'에 관한 부분은 정치적 표현의 자유를 침해한다 (2022.7.21. 2108헌바357).

9. 일정기간 동안 선거에 영향을 미치게 하기 위한 벽보 게시, 인쇄물 배부·게시를 금지하는 공직선거법 제93조 제1항 본문 중 '인쇄물 살포'에 관한 부분은 정치적 표현의 자유를 침해한다(2023.3.23. 2023헌가4).

10. 당내경선은 공직선거 자체와는 구별되는 정당 내부의 자발적인 의사결정에 해당하고, 경선운동은 원칙적으로 공직선거에서의 당선 또는 낙선을 위한 행위인 선거운동에 해당하지 않는다. 따라서 당내경선의 형평성과 공정성을 담보하기 위해서 국가가 개입하여야 하는 정도가 공직선거와 동등하다고 보기 어려우므로, 심판대상조항이 과잉금지원칙에 반하는지 여부를 판단할 때에는 엄격한 심사기준이 적용되어야 한다. 광주광역시 광산구 시설관리공단의 상근직원이 당원이 아닌 자에게도 투표권을 부여하는 당내경선에서 경선운동을 할 수 없도록 금지·처벌하는 공직선거법이 정치적 표현의 자유를 침해한다(2021.4.29. 2019헌가11).

11. 서울교통공사의 상근직원이 당원이 아닌 자에게도 투표권을 부여하는 당내경선에서 경선운동을 할 수 없도록 하고 위반행위를 처벌하는 공직선거법은 정치적 표현의 자유를 침해한다(2022.6.30. 2021헌가24).

12. 한국철도공사의 상근직원에 대하여 선거운동을 금지하고 이를 위반한 경우 처벌하도록 규정한 공직선거법 제60조 제1항 제5호는 선거운동의 자유를 침해한다(2018.2.22. 2015헌바124).

13. 지방공사 상근직원의 선거운동을 금지하고, 이를 위반한 자를 처벌하는 구 공직선거법은 선거운동의 자유를 침해한다 (2024.1.25. 2021헌가14).

14. 안성시시설관리공단의 상근직원이 당원이 아닌 자에게도 투표권을 부여하는 당내경선에서 경선운동을 할 수 없도록 금지·처벌하는 공직선거법은 과잉금지원칙에 반하여 정치적 표현의 자유를 침해한다(2022.12.22. 2021헌가36).

침해가 아닌 것

1. 농업협동조합법·수산업협동조합법에 의하여 설립된 조합의 상근직원에 대하여 선거운동을 금지하는 구 공직선거법 제60조가 협동조합 상근직원인 청구인들의 선거운동의 자유를 침해한다고 할 수 없다(2022.11.24. 2020헌마417).

2. 공개장소에서의 연설·대담장소 또는 대담·토론회장에서 연설·대담·토론용으로 사용하는 경우를 제외하고는 선거운동을 위하여 확성장치를 사용할 수 없도록 한 공직선거법 제91조 제1항 및 이에 위반한 경우 처벌하는 구 공직선거법 제255조 제2항 제4호 중 '제91조 제1항의 규정에 위반하여 확성장치를 사용하여 선거운동을 한 자' 부분(이하 '확성장치사용 금지조항'이라 한다)이 정치적 표현의 자유를 침해한다고 할 수 없다(2022.7.21. 2017헌바100).

3. 정당이 당원과 당원이 아닌 자에게 투표권을 부여하여 실시하는 당내경선에서 허용되는 경선운동방법을 한정하고, 이를 위반하여 경선운동을 한 자를 처벌하는 공직선거법 제57조의3 제1항은 과잉금지원칙을 위반하여 경선후보자 등 당내경선 운동을 하려는 사람의 정치적 표현의 자유를 침해한다고 할 수 없다(2022.10.27. 2021헌바125).

4. 누구든지 이 법의 규정에 의한 공개장소에서의 연설·대담장소에서 기타 어떠한 방법으로도 연설·대담장소 등의 질서를 문란하게 하는 행위를 금지한 공직선거법 제104조가 과잉금지원칙에 위배되어 정치적 표현의 자유를 침해한다고 보기 어렵다(2023.5.25. 2019헌가13).

5. 준연동형 비례대표제를 규정한 공직선거법 제189조 제2항은 직접선거원칙과 평등선거원칙에 위배되지 않는다(2023.7.20. 2019헌마1443).

6. 사전투표관리관이 투표용지의 일련번호를 떼지 아니하고 선거인에게 교부하도록 정한 공직선거법 제158조 제3항 중 '일련번호를 떼지 아니하고' 부분은 선거권을 침해하지 않는다(2023.10.26. 2022헌마231).

7. 사전투표관리관이 투표용지에 자신의 도장을 찍는 경우 도장의 날인을 인쇄날인으로 갈음할 수 있도록 한 공직선거관리규칙 제84조 제3항 중 '사전투표관리관이 투표용지에 자신의 도장을 찍는 경우 도장의 날인은 인쇄날인으로 갈음할 수 있다' 부분은 입법형성권의 한계를 일탈하여 선거권을 침해하지 않는다(2023.10.26. 2022헌마232).

8. 후보자가 되고자 하는 자가 당해 선거구 안에 있는 단체 등에 기부행위를 하는 경우 처벌하는 공직선거법 제113조 제1항은 죄형법정주의의 명확성원칙 또는 과잉금지원칙에 위배되어 선거운동의 자유를 침해하지 않는다(2021.2.25. 2018헌바223).

17 공무담임권

보호영역

1. 서울교통공사의 직원이라는 직위는 헌법 제25조가 보장하는 공무담임권의 보호영역인 '공무'의 범위에는 해당하지 않는다 (2021.2.25. 2018헌마174).

2. 관세직 국가공무원의 선발예정인원을 정한 인사혁신처 공고조항은 청구인의 기본권을 침해할 가능성이 없다(2023.2.23. 2019헌마401).

침해인 것

1. '아동·청소년의 성보호에 관한 법률' 제2조 제2호에 따른 아동·청소년대상 성범죄에 해당하는 죄를 저질러 파면·해임되거나 형 또는 치료감호를 선고받아 그 형 또는 치료감호가 확정된 사람(집행유예를 선고받은 후 그 집행유예기간이 경과한 사람을 포함한다)은 공무원으로 임용될 수 없도록 한 국가공무원법 제33조 제6조의4는 과잉금지원칙에 위반되어 청구인의 공무담임권을 침해한다(2022.11.24. 2020헌마11).

2. 아동·청소년이용음란물임을 알면서 이를 소지한 죄로 형을 선고받아 그 형이 확정된 사람은 국가공무원법 제2조 제2항 제1호의 일반직공무원으로 임용될 수 없도록 한 국가공무원법 제33조 제6호의4 나목은 공무담임권을 침해한다(2023.6.29. 2020헌마1605).

3. 피성년후견인이 된 경우 당연퇴직되도록 한 구 국가공무원법 제69조는 과잉금지원칙에 반하여 공무담임권을 침해한다 (2022.12.22. 2020헌가8).

침해가 아닌 것

1. 경북대학교 총장임용후보자선거의 후보자로 등록하려면 3,000만원의 기탁금을 납부하고 후보자등록신청시 기탁금납부영수증을 제출하도록 정한 '경북대학교 총장임용후보자 선정 규정' 제20조 제1항 및 제26조 제2항 제7호(이하 두 조항을 합하여 '이 사건 기탁금납부조항'이라 한다)는 청구인의 공무담임권을 침해하지 아니한다(2022.5.26. 2020헌마1219).

2. 제1차 투표에서 유효투표수의 100분의 15 이상을 득표한 경우에는 기탁금 전액을, 100분의 10 이상 100분의 15 미만을 득표한 경우에는 기탁금 반액을 반환하고, 반환되지 않은 기탁금은 경북대학교발전기금에 귀속하도록 정한 '경북대학교 총장임용후보자 선정 규정' 제20조 제2항 및 제3항(이하 두 조항을 합하여 '이 사건 기탁금귀속조항'이라 한다)은 청구인의 재산권을 침해하지 않는다(2022.5.26. 2020헌마1219).

3. 교육부 및 그 소속기관에서 근무하는 교육연구사 선발에 수석교사가 응시할 수 없도록 응시 자격을 제한한 교육부장관의 '2017년도 교육전문직 선발 계획 공고'가 과잉금지원칙에 위배되어 청구인들의 공무담임권을 침해한다고 할 수 없다 (2023.2.23. 2017헌마604).

4. 피청구인이 2020.7.9. 공고한 '2021년도 검사임용 지원 안내' 중 '② 임용 대상' 가운데 '1. 신규임용'에서 변호사자격을 취득하고 2021년 사회복무요원 소집해제 예정인 사람을 제외한 부분이 '법학전문대학원 졸업연도에 실시된 변호사시험에 불합격하여 사회복무요원으로 병역의무를 이행하던 중 변호사자격을 취득하고 2021년 소집해제 예정인 사람'인 청구인의 공무담임권을 침해하지 않는다(2021.4.29. 2020헌마999).

5. 변호사, 공인회계사, 관세사에 대한 가산비율 5%를 부여하는 구 공무원임용시험령은 공무담임권을 침해하지 아니한다 (2023.2.23. 2019헌마401).

18 청구권

침해인 것

1. 위원회의 보상금 지급결정에 동의하면 재판상 화해 성립으로 인정하는 광주민주화운동 관련자 보상 등에 관한 법률이 보상 금 등의 성격과 중첩되지 않는 정신적 손해에 대한 국가배상청구권의 행사까지 금지하는 것은 국가배상청구권을 침해한다 (2021.5.27. 2019헌가17).

2. 촬영한 영상물에 수록된 피해자의 진술은 공판준비기일 또는 공판기일에 피해자나 조사 과정에 동석하였던 신뢰관계에 있 는 사람 또는 진술조력인의 진술에 의하여 그 성립의 진정함이 인정된 경우에 증거로 할 수 있도록 한 성폭력범죄의 처벌 등에 관한 특례법은 과잉금지원칙을 위반하여 청구인의 공정한 재판을 받을 권리를 침해한다(2021.11.25. 2019헌마534).

3. 헌법재판소는 2012.12.27. 2011헌바117 결정에서 "형법 제129조 제1항의 '공무원'에 구 '제주특별자치도 설치 및 국제자유도시 조성을 위한 특별법' 제299조 제2항의 제주특별자치도통합영향평가심의위원회 심의위원 중 위촉위원이 포함되는 것으로 해석하는 한 헌법에 위반된다."는 한정위헌결정을 하였다. 이는 형벌 조항의 일부가 헌법에 위반되어 무효라는 내용의 일부위헌결정으로, 법 제75조 제6항, 제47조 제1항에 따라 법원과 그 밖의 국가기관 및 지방자치단체에 대하여 기속력이 있다.

그런데 이 사건 재심기각결정들은 이 사건 한정위헌결정의 기속력을 부인하여 헌법재판소법에 따른 청구인들의 재심청구를 기각하였다. 따라서 이 사건 재심기각결정들은 모두 '법률에 대한 위헌결정의 기속력에 반하는 재판'으로 이에 대한 헌법소원은 허용되고 청구인들의 헌법상 보장된 재판청구권을 침해하였으므로, 법 제75조 제3항에 따라 취소되어야 한다. 다만, 재판에 적용된 법률조항에 대하여 이 사건 한정위헌결정이 이루어지기 전에 확정된 청구인들에 대한 유죄판결은 **법률에 대한 위헌결정의 기속력에 반하는 재판이라고 볼 수 없으므로 이에 대한 심판청구는 부적법하다**(2022.6.30. 2014헌마760).

4. 원판결의 근거가 된 가중처벌규정에 대하여 헌법재판소의 위헌결정이 있었음을 이유로 개시된 재심절차에서, 공소장의 교환적 변경을 통해 위헌결정된 가중처벌규정보다 법정형이 가벼운 처벌규정으로 적용법조가 변경되어 피고인이 무죄판결을 받지는 않았으나 원판결보다 가벼운 형으로 유죄판결이 확정됨에 따라 원판결에 따른 구금형 집행이 재심판결에서 선고된 형을 초과하게 된 경우, 재심판결에서 선고된 형을 초과하여 집행된 구금에 대하여 보상요건을 규정하지 아니한 '형사보상 및 명예회복에 관한 법률' 제26조 제1항은 평등원칙을 위반하여 청구인들의 평등권을 침해한다(2022.2.24. 2018헌마998).

5. 비용보상청구권의 제척기간을 무죄판결이 확정된 날부터 6개월 이내로 규정한 구 군사법원법 제227조의12 제2항에 대해 4인은 재판청구권 및 재산권을 침해라고 하고, 4인 평등권 침해라고 하였다(2023.8.31. 2020헌바252).

침해가 아닌 것

1. 특수임무수행자 등이 보상금 등의 지급결정에 동의한 때에는 특수임무수행 또는 이와 관련한 교육훈련으로 입은 피해에 대하여 재판상 화해가 성립된 것으로 보는 '특수임무수행자 보상에 관한 법률' 제17조의2 가운데 특수임무수행 또는 이와 관련한 교육훈련으로 입은 피해 중 '정신적 손해'에 관한 부분이 국가배상청구권 또는 재판청구권을 침해한다고 보기 어렵다(2021.9.30. 2019헌가28).

2. 확정판결의 기초가 된 민사나 형사의 판결, 그 밖의 재판 또는 행정처분이 다른 재판이나 행정처분에 따라 바뀌어 당사자가 행정소송의 확정판결에 대하여 재심을 제기하는 경우, 재심제기기간을 30일로 정한 민사소송법을 준용하는 행정소송법 제8조 제2항은 재판청구권을 침해한다고 볼 수 없다(2023.9.26. 2020헌바258).

3. '피고인 스스로 치료감호를 청구할 수 있는 권리'뿐만 아니라 '법원으로부터 직권으로 치료감호를 선고받을 수 있는 권리'는 헌법상 재판청구권의 보호범위에 포함된다고 보기 어렵다. 피고인 스스로 치료감호를 청구할 수 있는 권리나, 법원으로부터 직권으로 치료감호를 선고받을 수 있는 권리는 헌법상 재판청구권의 보호범위에 포함되지 않는다. 검사는 치료감호대상자가 치료감호를 받을 필요가 있는 경우 관할 법원에 치료감호를 청구할 수 있도록 한 치료감호 등에 관한 법률은 재판청구권을 침해하거나 적법절차원칙에 반한다고 할 수 없다(2021.1.28. 2019헌가24).

4. 형의 선고를 하는 때에 피고인에게 소송비용의 부담을 명하는 근거가 되는 형사소송법 제186조 제1항은 피고인의 재판청구권을 침해하지 아니한다(2021.2.25. 2018헌바224).

5. 형의 선고와 함께 소송비용부담의 재판을 받은 피고인이 '빈곤'을 이유로 해서만 집행면제를 신청할 수 있도록 한 형사소송법 제487조 중 제186조 제1항 본문에 따른 소송비용에 관한 부분은 피고인의 재판청구권을 침해하지 아니한다(2021.2.25. 2019헌바64).

6. 소송의 지연을 목적으로 함이 명백한 기피신청의 경우 그 신청을 받은 법원 또는 법관이 결정으로 기각할 수 있도록 한 형사소송법 제20조 제1항은 공정한 재판을 받을 권리를 침해하지 아니한다(2021.2.25. 2019헌바551).

7. 국민참여재판 배심원의 자격을 만 20세 이상으로 정한 '국민의 형사재판 참여에 관한 법률' 제16조 중 '만 20세 이상'에 관한 부분은 평등원칙에 위배되지 않는다. 배심원으로서의 권한을 수행하고 의무를 부담할 능력과 민법상 행위능력, 선거권 행사능력, 군 복무능력, 연소자 보호와 연계된 취업능력 등이 동일한 연령기준에 따라 판단될 수 없고, 각 법률들의 입법취지와 해당 영역에서 고려하여야 할 제반사정, 대립되는 관련 이익들을 교량하여 입법자가 각 영역마다 그에 상응하는 연령기준을 달리 정할 수 있다(2021.5.27. 2019헌가19).

8. 국민참여재판 대상 사건을 합의부 관할 사건 및 이에 해당하는 사건의 미수죄·교사죄·방조죄·예비죄·음모죄에 해당하는 사건, 위 사건과 형사소송법 제11조에 따른 관련 사건으로서 병합하여 심리하는 사건 등으로 한정하고 있는 '국민의 형사재판 참여에 관한 법률' 제5조 제1항은 청구인의 평등권을 침해하지 아니한다(2021.6.24. 2020헌마1421).

9. 군사법원법에 의한 군사재판을 국민참여재판 대상 사건의 범위에서 제외하고 있는 '국민의 형사재판 참여에 관한 법률' 제5조 제1항은 평등원칙에 위배되지 아니한다(2021.6.24. 2020헌바499).

10. 공공단체인 한국과학기술원의 총장을 교원소청심사위원회의 결정에 불복하여 행정소송을 제기할 수 있는 제소권자 범위에 포함시키지 아니하여 행정소송을 제기하지 못하도록 한 것은 재판청구권을 침해하지 아니한다(2022.10.27. 2019헌바117).

11. 증거의 채택과 조사에 법원의 재량을 인정하고 있는 형사소송법 제295조가 공정한 재판을 받을 권리를 침해한다고 할 수 없다. 전문증거인 참고인진술조서의 증거능력을 일정한 요건하에 인정하는 형사소송법 제312조 제4항이 공정한 재판을 받을 권리를 침해한다고 할 수 없다(2022.11.24. 2019헌바477).

12. 국회에 청원하는 방법으로 일정한 기간 동안 일정한 수 이상의 국민의 동의를 받도록 정한 국회법 제123조 제1항 중 '국회규칙으로 정하는 기간 동안 국회규칙으로 정하는 일정한 수 이상의 국민의 동의를 받아' 부분(이하 '국민동의조항'이라 한다)이 포괄위임금지원칙에 위반되어 청원권을 침해하지 않는다(2023.3.23. 2018헌마460).

13. 국민동의조항과 그 위임을 받아 청원서를 제출하기 위한 구체적인 절차로서 국민의 찬성·동의를 받는 기간과 ᄀᆫ 인원수 등을 규정한 국회청원심사규칙 제2조의2 제2항 중 '등록일부터 30일 이내에 100명 이상의 찬성을 받고' 부분 및 구 국회 청원심사규칙 제2조의2 제3항이 청원권을 침해하였다고 볼 수 없다(2023.3.23. 2018헌마460).

14. 민사소송법 제45조 제1항 중 '기피신청이 소송의 지연을 목적으로 하는 것이 분명한 경우'에 관한 부분이 각하하는 기간을 규정하지 않아 신속한 재판을 받을 권리를 침해하지 아니한다(2023.3.23. 2020헌바149).

15. 판결의 증거가 된 문서, 그 밖의 물건이 가벌성 있는 위조 또는 변조행위에 의한 것일 때를 재심사유로 규정한 민사소송법 제451조 제1항 제6호가 재판을 받을 권리를 침해한다고 볼 수 없다(2023.6.29. 2020헌바519).

16. 판단누락을 이유로 한 재심의 제기기간인 '판결이 확정된 뒤 재심의 사유를 안 날부터 30일'을 불변기간으로 정한 민사소송법 제456조 제2항 중 '제451조 제1항 제9호'에 관한 부분이 재판을 받을 권리를 침해한다고 볼 수 없다(2023.6.29. 2020헌바519).

17. 서울대 사건

가. 서울대학교가 정보공개의무를 부담하는 경우에 있어서는 국민의 알 권리를 보호 내지 실현시킬 의무를 부담하는 기본권 수범자의 지위에 있다고 보아야 한다.
   대학은 대학이 보유·관리하는 정보에 대해 공개 청구가 있는 경우 기본권 수범자의 지위에서 공개 여부를 결정하는 것이지, 대학의 자율권 행사의 일환으로 공개 여부를 결정하는 것은 아닌 것이다.

나. 서울대학교가 기본권의 수범자로 기능하면서 그 대표자가 행정심판의 피청구인이 된 경우에 적용되는 심판대상조항의 **위헌성**을 다투는 이 사건에서 **서울대학교는 기본권의 주체가 된다고 할 수 없으므로**, 청구인의 **재판청구권** 침해 **주장은** 더 나아가 **살필 필요 없이 이유 없다**.

다. 헌법 제107조 제3항은, 행정심판의 심리절차에서 대심구조적 사법절차가 준용되어야 한다는 취지일 뿐, 심급제에 따른 불복할 권리까지 준용되어야 한다는 의미는 아니다. 또한 기본권의 수범자 사이의 의견충돌에 대하여도 사법부가 최종적으로 판단할 권한을 가져야 한다거나 국민에 대한 공권력 행사자에게까지 사법부의 판단을 받을 권리를 보장해야 한다고 볼 수도 없다. 따라서 심판대상조항이 정보공개에 있어 기본권 수범자의 지위에 있는 서울대학교 등 국립대학법인으로 하여금 행정심판의 인용재결에 기속되도록 정한 것이 헌법 제107조 제3항에 위반된다고 볼 수는 없다(2023.3.23. 2018헌바385).

19 인간다운 생활을 할 권리

1. 4·19혁명공로자에게 지급되는 보훈급여의 종류를 보상금이 아닌 수당으로 규정한 국가유공자법 제16조의4 제1항 및 2019년도 공로수당의 지급월액을 31만 1천원으로 규정한 같은 법 시행령 제27조의4가 정한 수당의 지급월액이 지나치게 과소하여 인간다운 생활을 할 권리를 침해하였다고 볼 수 없다(2022.2.24. 2019헌마883).

2. 헌법상 명문 규정이나 헌법의 해석으로부터 청구인의 주장과 같이 보건복지부장관이 이 사건에서 문제된 해당 공공기관에 장애인전용 주차구역, 장애인용 승강기 및 화장실을 설치하도록 할 작위의무가 도출된다고 보기 어렵다(2023.7.20. 2019헌마70).

20 교육을 받을 권리

1. 피청구인이 2021.4.29. 발표한 '서울대학교 2023학년도 대학 신입학생 입학전형 시행계획' 중 수능위주전형 정시모집 '나'군의 전형방법의 2단계 평가에서 교과평가를 20점 반영하도록 한 '서울대학교 2023학년도 대학 신입학생 입학전형 시행계획' 중 Ⅴ. 수능위주전형 정시모집 '나'군 일반전형 2. 전형방법 가운데 **'2단계 교과평가 20점' 부분이 불합리하거나 자의적이어서 서울대학교에 진학하고자 하는 청구인들의 균등하게 교육을 받을 권리를 침해**하지 않는다(2022.5.26. 2021헌마527).

2. 교비회계의 전용을 금지하는 구 사립학교법 제29조 제6항 본문 및 교비회계 전용 금지 규정을 위반하는 경우 처벌하는 구 사립학교법 제73조의2가 사립학교 운영의 자유를 침해한다고 할 수 없다(2023.8.31. 2021헌바180).

21 근로의 권리와 근로3권

1. 동물의 사육 사업 근로자에 대하여 근로기준법 제4장에서 정한 근로시간 및 휴일 규정의 적용을 제외하도록 한 구 근로기준법 제63조 제2호 중 '동물의 사육' 가운데 '제4장에서 정한 근로시간, 휴일에 관한 규정'에 관한 부분은 청구인의 근로의 권리를 침해하지 않는다(2021.8.31. 2018헌마563).

2. 노조전임자의 급여를 지원하는 행위를 금지하는 노동조합 및 노동관계조정법 제81조 제4호는 과잉금지원칙에 위배되지 아니한다(2022.5.26. 2019헌바341).

3. 지배개입금지조항과 급여지원금지조항을 위반할 경우 사용자를 처벌하는 노동조합 및 노동관계조정법 제90조는 과잉금지원칙에 위배되지 않는다(2022.5.26. 2019헌바341).

4. 법인의 대표자가 이 사건 지배개입금지조항과 이 사건 급여지원금지조항을 위반할 경우 법인을 함께 처벌하는 노동조합 및 노동관계조정법 제94조 중 법인의 대표자가 그 법인의 업무에 관하여 이 사건 처벌조항의 위반행위를 한 경우에 관한 부분이 책임주의원칙에 위배되지 아니한다. "책임 없는 자에게 형벌을 부과할 수 없다."라는 책임주의는 형사법의 기본원리로서, 헌법상 법치국가원리로부터 도출되는 원리이고, 법인의 경우도 자연인과 마찬가지로 책임주의원칙이 적용된다(2022.5.26. 2019헌바341).

5. 특수경비원의 파업·태업 그 밖에 경비업무의 정상적인 운영을 저해하는 일체의 쟁의행위를 금지하는 경비업법 제15조 제3항은 나머지 청구인들의 단체행동권을 침해하지 않는다(2023.3.23. 2019헌마937).

6. 피청구인 대통령이 구 '고용보험 및 산업재해보상보험의 보험료징수 등에 관한 법률' 제49조의3 제2항 단서에 따라 대통령령을 제정할 작위의무가 있다. 피청구인 대통령이 구 '고용보험 및 산업재해보상보험의 보험료징수 등에 관한 법률' 제49조의3 제2항 단서에 따라 대통령령 입법부작위에 정당한 이유가 있다고 볼 수 있다(2023.10.26. 2020헌마93). - 기각

22 보건권

1. 헌법 제36조 제3항은 "모든 국민은 보건에 관하여 국가의 보호를 받는다."라고 하여, 국민이 자신의 건강을 유지하는 데 필요한 국가적 급부와 배려를 요구할 수 있는 권리인 이른바 '보건에 관한 권리'를 규정하고 있고, 이에 따라 국가는 국민의 건강을 소극적으로 침해하여서는 아니 될 의무를 부담하는 것에서 한 걸음 더 나아가 적극적으로 국민의 보건을 위한 정책을 수립하고 시행하여야 할 의무를 부담한다. 검사는 치료감호대상자가 치료감호를 받을 필요가 있는 경우 관할 법원에 치료감호를 청구할 수 있도록 한 치료감호 등에 관한 법률이 국민의 보건에 관한 국가의 보호의무에 반한다고 보기 어렵다 (2021.1.28. 2019헌가24).

MEMO

헌법재판소 판례
(2023년 12월~2024년 6월)

01 법치주의

1. 수신료 징수업무를 지정받은 자가 수신료를 징수하는 때 그 고유업무와 관련된 고지행위와 결합하여 이를 행해서는 안 된다고 규정한 방송법 시행령 제43조 제2항이 법률유보원칙에 위배되는지 여부(소극)

심판대상조항은 <u>수신료의 구체적인 고지방법에 관한 규정인바, 이는 수신료의 부과·징수에 관한 본질적인 요소로서 법률에 직접 규정할 사항이 아니므로 이를 법률에서 직접 정하지 않았다고 하여 의회유보원칙에 위반된다고 볼 수 없다.</u> 심판대상조항은 수신료의 징수를 규정하는 상위법의 시행을 위하여 수신료 납부통지에 관한 절차적 사항을 규정하는 **집행명령이다.** 집행명령의 경우 법률의 구체적·개별적 위임 여부 등이 문제되지 않고, 다만 상위법의 집행과 무관한 독자적인 내용을 정할 수 없다는 한계가 있다. 심판대상조항은 청구인이 방송법 제65조, 제67조 제2항에 따라 수신료 징수업무를 위탁하는 경우 그 구체적인 시행방법을 규정하고 있을 뿐이라는 점에서 집행명령의 한계를 일탈하였다고 볼 수 없다.

2. 수신료 징수업무를 지정받은 자가 수신료를 징수하는 때 그 고유업무와 관련된 고지행위와 결합하여 이를 행해서는 안 된다고 규정한 방송법 시행령 제43조 제2항이 입법재량의 한계를 위반하여 청구인의 방송운영의 자유를 침해하는지 여부(소극)

심판대상조항은 수신료의 통합징수를 금지할 뿐이고, 수신료의 금액이나 납부의무자, 미납이나 연체시 추징금이나 가산금의 금액을 변경하는 것은 아니므로, 규범적으로 청구인의 수신료 징수 범위에 어떠한 영향을 끼친다고 볼 수 없다. 공법상 의무인 수신료 납부의무와 사법상 의무인 전기요금 납부의무는 분리하여 고지·징수하는 것이 원칙적인 방식이고, 미납이나 연체된 수신료에 대한 추징금 및 가산금의 징수 및 강제가 가능하며, 지난 30년간 수신료 통합징수 시행을 통하여 수상기 등록 세대에 대한 정보가 확보된 점, 30년 전 통합징수가 실시되기 이전과는 달리 현재는 정보통신기술의 발달로 각종 요금의 고지 및 납부 방법이 전산화·다양화된 점 등을 고려할 때 심판대상조항으로 인하여 곧 청구인의 재정적 손실이 초래된다고 단정할 수 없다. 통합징수방식이 공영방송의 재원에 기여한 측면은 있으나, 수신료와 전기요금의 통합징수방식으로 인한 수신료 과오납 사례가 증가함에 따라 이를 시정할 필요가 있고, 청구인은 필요시 수신료 외에도 방송광고수입이나 방송프로그램 판매수익, 정부 보조금 등을 통하여 그 재정을 보충할 수 있는 점을 고려할 때, 심판대상조항은 공영방송의 기능을 위축시킬 만큼 청구인의 재정적 독립에 영향을 끼친다고 볼 수 없다.

3. 수신료 징수업무를 지정받은 자가 수신료를 징수하는 때 그 고유업무와 관련된 고지행위와 결합하여 이를 행해 서는 안 된다고 규정한 방송법 시행령 제43조 제2항이 적법절차원칙을 위반하는지 여부(소극)

심판대상조항의 개정 절차를 살펴보면, '국민 불편을 해소하고 국민의 권리를 보호하기 위해 신속한 개정이 필요'하다는 이유로 방송통신위원회 위원장은 법제처장과 입법예고기간을 10일로 단축할 것을 협의한 사실을 인정할 수 있고, 이는 행정절차법 빛 법제업무 운영규정에 따른 것으로 절차상 위법한 내용이 없다. 관련 방송통신위원회의 의결도 재적위원 3인 중 2인의 찬성으로 의결이 된 것으로 '방송통신위원회의 설치 및 운영에 관한 법률'상 절차를 위반한 사실을 인정하기 어렵다. 심판대상조항은 법률에서 정하는 수신료 징수방법의 절차를 구체화하는 것으로서, 규제의 신설이나 강화에 해당한다고 보기 어려워 규제영향분석 대상도 아니므로 적법절차원칙에 위배되지 않는다.

4. 수신료 징수업무를 지정받은 자가 수신료를 징수하는 때 그 고유업무와 관련된 고지행위와 결합하여 이를 행해 서는 안 된다고 규정한 방송법 시행령 제43조 제2항이 신뢰보호원칙을 위반하는지 여부(소극)

개정 전 법령이 전기요금과 수신료를 통합하여 징수하는 방식만을 전제로 하였다거나 그러한 수신료 징수방식에 대한 신뢰를 유도하였다고 볼 수 없으며, 청구인과 한국전력공사 간 TV 방송수신료 징수업무 위·수탁 계약서도 관련 법률의 개정 등 사유를 예정하고 있는 점, 심판대상조항으로 인하여 청구인이 징수할 수 있는 수신료의 금액이나 범위의 변경은 없고 수신료 납부통지 방법만이 변경되는 점 등을 고려할 때 심판대상조항이 신뢰보호원칙에 위배된다고 볼 수 없다.

02 국제법존중원칙

1. 자유권규약을 포함한 국제인권규범은 국내법체계상에서 법률적 효력을 가질 뿐이므로, 우리 헌법에서 명시적으로 입법위임을 하고 있거나 우리 헌법의 해석상 입법의무가 발생하는 경우가 아니라면, <u>국제인권규범이 명시적으로 입법을 요구하고 있거나 그 해석상 국가의 기본권보장의무가 인정되는 경우라고 하더라도 곧바로 국가의 입법의무가 도출된다고 볼 수 없다.</u>

2. 국제규약 위반 주장에 대해, 비준동의한 조약은 국내법과 같은 효력을 가질 뿐 헌법재판규범이 되지 않으며, 이러한 주장들은 기본권 침해 주장을 보충하는 것이므로 별도로 판단하지 않는다.

03 지방자치제도

CASE 01 매립지 귀속결정

2024.3.28. 2021헌바57

[사건개요]

2015년 새만금 방조제 구간 공유수면 매립지의 지방자치단체 귀속 결정이 부안군과 김제시로 내려졌다. 이에 불복한 군산시장은 대법원에 결정 취소 소송을 제기했으나 2021년 기각되었다. 군산시장은 소송 중 해당 결정의 법적 근거가 헌법에 위반된다고 주장했으나, 위헌법률심판제청신청도 기각되었다. 이후 2021년 헌법소원심판을 청구했다.

[심판대상조항]

구 지방자치법(2014.11.19. 법률 제12844호로 개정되고, 2017.7.26. 법률 제14839호로 개정되기 전의 것)

제4조 【지방자치단체의 명칭과 구역】 ③ 제1항에도 불구하고 다음 각 호의 지역이 속할 지방자치단체는 제4항부터 제7항까지의 규정에 따라 행정자치부장관이 결정한다.
 1. 「공유수면 관리 및 매립에 관한 법률」에 따른 매립지

---

1. 쟁점정리

(1) 청구인은 심판대상조항이 ① 구 지방자치법 제4조 제2항 소정의 지방의회의 의견을 듣거나 주민투표를 거치는 절차를 규정하지 아니하고, 법률이 아닌 행정자치부장관의 결정만으로 공유수면 매립지의 관할 지방자치단체를 결정하도록 한 것이 관련 지방자치단체의 지방자치권을 침해하고, ② 공유수면 매립지가 속할 지방자치단체를 결정하는 실질적 기준을 전혀 규정하고 있지 않아서 법률유보원칙에 위배된다고 주장하므로, 이에 대하여 판단한다.

(2) 한편 청구인은 심판대상조항에 따른 행정자치부장관의 결정으로 인하여 지방자치단체의 구역과 경계가 바뀜으로써 공유수면 매립지 인근에 거주하는 주민들의 행정구역을 관할하는 지방자치단체가 변경되고, 이로 인하여 해당 주민들의 선거권, 공무담임권, 거주·이전의 자유 등이 침해된다고 주장한다.

그러나 단지 공유수면 매립지 인근에 거주하는 주민들의 행정구역을 관할하던 지방자치단체가 변경되었다는 사정만으로 위와 같은 기본권이 직접 제한된다고 보기 어렵고, 설령 관할 지방자치단체의 변경으로 인하여 주민들에게 어떤 피해가 발생한다고 하여도 이는 간접적이고 사실적인 불이익에 불과하므로 이에 대한 판단은 하지 않기로 한다.

헌법재판소 판례(2023년 12월~2024년 6월) **63**

2. 지방자치권의 침해 여부

(1) 2009년 4월 1일 이전 지방자치법 제4조 제1항은 지방자치단체의 명칭과 구역 변경을 법률로 정하도록 규정했고, 공유수면 매립지 경계는 헌법재판소가 결정했다. 2009년 개정된 지방자치법 제4조 제3항은 공유수면 매립지의 속할 지방자치단체를 행정자치부장관이 결정하도록 신설했다. 개정법 부칙에 따르면, 시행 전에 준공검사를 받은 매립지도 행정자치부장관의 결정 절차를 거쳐야 한다. 따라서 매립지 관할은 행정자치부장관의 결정에 의해 정해지며, 그전까지는 어느 지방자치단체에도 속하지 않는 것으로 해석된다.

한편, 이와 같이 개정된 구 지방자치법의 취지와 공유수면과 매립지의 싱질상 차이 등을 종합하여 볼 때, 신생 매립지는 구 지방자치법 제4조 제3항에 따라 같은 조 제1항이 처음부터 배제되어 종전의 관할구역과의 연관성이 단절되고, 행정자치부장관의 결정이 확정됨으로써 비로소 관할 지방자치단체가 정해지며, 그전까지 해당 매립지는 어느 지방자치단체에도 속하지 않는다. 그렇다면 **매립지의 매립 전 공유수면에 대한 관할권을 가졌을 뿐인 지방자치단체가 새로이 형성된 매립지에 대해서까지 어떠한 권한을 보유하고 있다고 볼 수 없다.**

(2) 이와 같이 행정자치부장관이 공유수면 매립지를 관할하는 지방자치단체를 결정하기 전까지 관련 **지방자치단체는 해당 공유수면 매립지에 대하여 어떠한 자치권한도 보유하고 있지 않은 이상,** 심판대상조항이 지방의회의 의견을 듣거나 주민투표를 거치는 절차를 규정하지 아니하고, 행정자치부장관으로 하여금 공유수면 매립지의 관할 지방자치단체를 결정하도록 한 것이 지방자치단체의 지방자치권을 침해한다고 볼 수 없다.

3. 법률유보원칙의 위배 여부

(1) 우리 헌법 제40조는 "입법권은 국회에 속한다."라고 규정하고 있는데, 우리 헌법 제40조의 의미는 적어도 국민의 권리와 의무의 형성에 관한 사항을 비롯하여 국가의 통치조직과 작용에 관한 기본적이고 본질적인 사항은 반드시 국회가 정하여야 한다는 것이다.

헌법상 지방자치단체의 지방자치권 역시 국가 통치조직의 분배와 작용에 관한 것으로서 국가권력의 일부분을 담당하는 권한인 이상 **지방자치단체의 조직과 자치기능 및 자치사무의 자율성에 관한 기본적이고 본질적 사항**은 법률에서 직접 규정하여야 한다.

(2) 앞서 본 바와 같이, 심판대상조항에 따라서 행정자치부장관이 공유수면 매립지를 관할하는 지방자치단체를 결정하기 전까지 관련 지방자치단체는 해당 공유수면 매립지에 대하여 어떠한 자치권한도 보유하지 않는다. 따라서 설령 행정자치부장관이 **공유수면 매립지가 속할 지방자치단체를 결정할 때 적용할 실질적 기준이 필요하다고 하여도** 그러한 기준이 지방자치단체의 자치사무와 본질적으로 관련이 있어 반드시 법률에 규정되어야 한다고 볼 수 없다.

(3) 이와 같은 사정을 종합하면, 심판대상조항에서 행정자치부장관이 공유수면 매립지를 관할하는 지방자치단체를 결정하도록 하면서 그 실질적 기준을 규정하고 있지 않더라도 그것이 법률유보원칙에 위배된다고 볼 수 없다.

04 행복추구권

CASE 01

임신 32주 이전에 태아의 성별 고지를 금지하는 의료법 제20조 제2항

*단순위헌결정

2024.2.28. 2022헌마356

1. 제한되는 기본권

장래 태어날 아기가 여아인지 남아인지는 임부나 그 가족에게 중요한 태아의 인격 정보이고, 태아의 부모가 이를 미리 알고자 하는 것은 본능적이고 자연스러운 욕구라 할 수 있다. 따라서 부모가 태아의 성별을 비롯하여 태아에 대한 모든 정보에 접근을 방해받지 않을 권리는 부모로서 당연히 누리는 천부적이고 본질적인 권리에 해당한다.

헌법 제10조로부터 도출되는 일반적 인격권에는 각 개인이 그 삶을 사적으로 형성할 수 있는 자율영역에 대한 보장이 포함되어 있음을 감안할 때, 장래 가족의 구성원이 될 태아의 성별 정보에 대한 접근을 국가로부터 방해받지 않을 부모의 권리는 이와 같은 일반적 인격권에 의하여 보호된다고 보아야 할 것이다.

따라서 심판대상조항은 일반적 인격권으로부터 나오는 부모가 태아의 성별 정보에 대한 접근을 방해받지 않을 권리를 제한하고 있다.

2. 헌법 제10조 일반적 인격권에서 나오는 부모가 태아의 성별 정보에 대한 접근을 방해받지 않을 권리를 침해하는지 여부(적극)

(1) 입법목적의 정당성

심판대상조항은 의료인에게 임신 32주 이전에 태아의 성별고지를 금지하여 낙태, 특히 성별을 이유로 한 낙태를 방지함으로써 성비의 불균형을 해소하고 태아의 생명을 보호하기 위해 입법된 것이므로 그 목적의 정당성을 수긍할 수 있다.

(2) 수단의 적합성 및 침해의 최소성

오늘날 전통 유교사회의 남아선호사상이 쇠퇴하고 국민의식이 변화하면서 출생성비가 정상범위에 도달하여 태아의 성별과 낙태 사이에 유의미한 관련성이 없다는 점이 드러났다. 이에 따라 임신 32주 이전 태아 성별 고지를 태아 생명을 위협하는 행위로 보고 제한하는 것은 타당하지 않다. 10년간 심판대상조항 위반으로 인한 수사 및 기소가 없었다는 사실은 이 조항이 사문화되었음을 의미하며, 출생성비의 정상화는 국민 의식 변화에 기인한 것으로 보인다. 따라서 이 조항이 더 이상 낙태를 방지하기 위한 실효성 있는 수단이라고 보기 어렵다. 기본권을 제한하는 수단은 효과적이고 적합해야 하며, 불합리하거나 불공정한 수단은 피해야 한다. 부모가 태아 성별을 알고자 하는 것은 자연스러운 욕구로, 이를 금지할 이유가 없다. 심판대상조항은 성별 고지와 낙태 간의 명확한 인과관계 없이 부모에게 태아 성별 정보를 금지하는 것으로, 이는 효과적이지 않고 불합리하다.

물론 태아의 성별 고지가 성별을 이유로 한 낙태로 이어질 가능성은 여전히 존재한다. 그러나 태아의 생명을 박탈하는 행위는 성별 고지가 아니라 성별을 이유로 한 낙태이므로, 국가가 규제해야 할 단계는 낙태 행위가 발생하는 단계이다. 현재 낙태는 모자보건법에서 규제하고 있으며, 낙태를 처벌하는 형법 조항은 헌법불합치 결정 이후 개선입법이 이루어

지지 않아 효력이 상실되었다. 따라서 성선별 낙태 방지를 위한 태아 생명 보호는 태아 성별 고지 제한이 아닌 낙태 관련 입법을 통해 해결해야 한다.

심판대상조항은 예외적인 사정만으로 태아 성별 고지 행위를 낙태의 사전 준비행위로 전제하여 모든 부모에게 임신 32주 이전 태아 성별 정보를 알 수 없게 하고 있다. 이는 낙태 의도가 없는 부모까지도 규제하는 과도한 입법으로, 부모의 기본권을 필요 이상으로 제한하는 것이다. 따라서 심판대상조항은 태아 생명 보호라는 입법목적을 달성하기 위한 수단으로 적합하지 않으며, 침해의 최소성에 반한다.

(3) 법익의 균형성

앞서 살펴본 바와 같이 현재 우리 사회는 성비불균형 문제가 해소되었고, 태아의 생명 보호라는 공익이 심판대상조항을 통해서는 실효적으로 달성된다고 보기 어렵다. 심판대상조항은 임신 32주 이전에는 모든 부모에게 태아의 성별 정보에 접근을 방해받지 않을 권리를 지나치게 제한하고 있으므로, 결국 심판대상조항은 법익의 균형성도 상실하였다.

(4) 소결론

따라서 심판대상조항은 과잉금지원칙을 위반하여 부모가 태아의 성별 정보에 대한 접근을 방해받지 않을 권리를 침해한다.

재판관 이종석, 재판관 이은애, 재판관 김형두의 헌법불합치의견: 법정의견 아님

심판대상조항은 입법목적의 정당성 및 수단의 적합성이 인정되지만, 심판대상조항이 정하는 임신 32주라는 기준은 기간 면에서 지나친 제한이고 의학적 필요성에 대한 예외를 인정하지 않으므로 침해의 최소성에 반한다. 다만, 법정의견과 같이 단순위헌결정을 하는 것은 태아의 생명 보호를 위한 수단을 대안 없이 일거에 폐지하는 결과가 되어 타당하지 않으므로 잠정적으로 적용하는 헌법불합치결정을 한다.

단기법무장교의 의무복무기간 기산점

2024.3.28. 2020헌마1401

1. 쟁점의 정리

청구인들은 심판대상조항이 일반적 행동자유권, 신체의 자유, 거주·이전의 자유, 직업선택의 자유를 제한한다고 주장하나 병역의무가 장기화되어 행동자유권을 침해하는지 여부가 문제된다. 법률유보원칙 및 과잉금지원칙 위반 여부를 함께 판단하기로 하며, 신체의 자유 등 다른 주장들은 군인의 지위 및 복무에 관한 법령에 의한 것이므로 별도로 판단하지 않는다. 또한 현역병 등은 군사교육기간을 의무복무기간에 산입하나, 단기법무장교는 그렇지 않아 평등권 침해 여부가 쟁점이 된다.

2. 단기법무장교의 의무복무기간을 장교에 임용된 날부터 기산하도록 한 군인사법 시행령 제6조 제1항이 법률유보원칙을 위반하여 청구인들의 일반적 행동자유권을 침해하는지 여부(소극)

(1) 관련 법리

오늘날의 법률유보원칙은 단순히 행정작용이 법률에 근거를 두기만 하면 충분한 것이 아니라, 국가공동체와 그 구성원에게 기본적이고도 중요한 의미를 갖는 영역, 특히 국민의 기본권 실현에 관련된 영역에 있어서는 행정에 맡길 것이 아니라 국민의 대표자인 입법자 스스로 그 본질적 사항에 대하여 결정하여야 한다는 요구, 즉 의회유보원칙까지 내포하는 것으로 이해되고 있다.

이하에서는 단기법무장교의 의무복무기간의 기산점이 국민의 대표자인 입법자가 스스로 정하여야 할 본질적인 사항인지 여부, 나아가 심판대상조항이 법률상의 근거가 없거나 모법의 위임범위를 벗어난 것인지 여부에 대하여 살펴보기로 한다.

(2) 단기법무장교 의무복무기간의 기산점이 입법자가 스스로 정하여야 할 본질적인 사항인지 여부(소극)

현역병 입영대상자가 법학전문대학원 과정을 이수하고 법무사관후보생으로 선발된 후, 법무장교로 임용되는 과정에서 단기법무장교 의무복무기간의 기산점은 중요한 논점이다. 이는 법무사관후보생 시기부터 법무장교로서 업무를 수행하는 시점까지 의무 내용과 병력 형성 기여도, 업무 수행과의 연관성을 고려해 정책적으로 판단해야 한다.

이 부분은 변동하는 구체적인 안보상황이나 국내외 정세 등에 따라 각각의 단계에서 병역의무자가 부담하게 되는 의무의 내용 등이 달라질 경우 그에 따라 탄력적으로 대응할 필요가 있는 부분이기도 하다. 이와 같은 점을 고려하면 단기법무장교의 의무복무기간의 기산점이 반드시 입법자가 스스로 정하여야 할 본질적인 사항이라고 보기 어렵다.

(3) 심판대상조항이 법률상의 근거가 없거나, 모법의 위임범위를 벗어난 것인지 여부

심판대상조항은 군인사법 제7조 제1항 제4호의 해석상 가능한 것을 명시하거나 위 조항의 취지에 근거하여 이를 구체화하기 위한 것으로서 법률상의 근거가 없거나, 모법의 위임범위를 벗어난 것이라고 보기 어렵다. 심판대상조항은 법률유보원칙을 위반하여 청구인들의 일반적 행동자유권을 침해하지 않는다.

3. 단기법무장교의 의무복무기간을 장교에 임용된 날부터 기산하도록 한 군인사법 시행령이 과잉금지원칙을 위반하여 청구인들의 일반적 행동자유권을 침해하는지 여부(소극)

입법자는 법무사관후보생을 단기법무장교로 임용 후 3년간 의무복무하도록 규정하여, 국가 안전보장과 국토방위 목적을 달성하고자 한다. 법무사관후보생의 군사교육기간을 의무복무기간에 포함하지 않는 것은 실질 복무기간을 3년으로 유지하기 위한 것으로, 이는 단기법무장교의 전문성을 유지하고 최적의 전투력을 확보하는 데 중요하다. 법무사관후보생은 자발적으로 군사교육을 받고 단기법무장교로 임관하며, 군사교육기간 동안 현역병 수준 이상의 보수를 받는다. 따라서 심판대상조항은 과도하지 않으며, 공익이 중대하므로 과잉금지원칙에 위반되지 않는다.

4. 평등권 침해 여부

(1) 단기법무장교와 현역병 사이의 차별의 합리성

단기법무장교는 중위 이상의 계급으로 특수한 군사 업무를 담당하며, 병과는 계급 및 복무 내용, 직무의 책임에서 차이가 있다. 심판대상조항이 법무사관후보생의 군사교육기간을 의무복무기간에 산입하지 않는 것은 단기법무장교와 현역병의 차이를 고려한 결정이다. 이는 계급, 선발과정, 복무내용, 군사교육의 목적과 내용, 신분 등을 종합적으로 고려한 것으로 불합리한 차별이 아니다.

(2) 단기법무장교의 의무복무기간을 장교에 임용된 날부터 기산하도록 한 군인사법 시행령 이 현역병 및 군간부후보생 교육기관에서 교육을 받다가 퇴교되어 현역병, 승선근무예비역, 사회복무요원, 예술·체육요원, 전문연구요원, 산업기능요원으로 복무하게 된 사과의 관계에서 단기법무장교인 청구인들의 평등권을 침해하는지 여부(소극)

퇴교 후 복무자의 교육기간을 복무기간에 포함하는 것은 그 교육이 현역병 등의 복무 수준에 상응한다는 정책적 판단에 기초한다. 심판대상조항이 단기법무장교의 교육기간을 복무기간에 포함하지 않는 것은 단기법무장교와 퇴교 후 복무자의 복무 내용 차이를 고려한 것이다. 이는 교육기간을 실제 복무에 따른 것으로 평가하는 기준이 다르기 때문에 합리적인 차별로 볼 수 있다. 따라서 심판대상조항의 차별은 정당화될 수 있다.

CASE 03 금연구역으로 지정된 연면적 1천 제곱미터 이상의 사무용건축물, 공장 및 복합용도의 건축물에서 금연의무를 부과하고 있는 국민건강증진법 제9조 제8항 중 제4항 제16호에 관한 부분이 흡연자의 일반적 행동자유권을 침해하여 헌법에 위반되는지 여부(소극)

2024.4.25. 2022헌바163

심판대상조항은 공중 또는 다수인이 왕래할 수 있는 공간에서 흡연을 금지하여 비흡연자의 간접흡연을 방지하고 국민 건강을 증진하기 위한 것이다. 실외에서도 간접흡연의 위험이 배제되지 않으며, 금연·흡연구역 분리로 담배연기를 완벽히 차단하기 어렵다. 흡연자가 일정한 공간에서 흡연할 수 없는 불이익을 입지만, 간접흡연을 원치 않는 사람을 보호할 필요성이 더 크므로, 심판대상조항은 흡연자의 일반적 행동자유권을 침해하지 않는다.

05 평등권

CASE 01

헌법불합치결정에 따라 실질적인 혼인관계가 존재하지 아니한 기간을 제외하고 분할연금을 산정하도록 개정된 국민연금법 조항을 개정법 시행 후 최초로 분할연금 지급사유가 발생한 경우부터 적용하도록 하는 국민연금법 부칙 제2조가 평등원칙에 위반되는지 여부(적극) *헌법불합치결정   2024.5.30. 2019헌가29

입법자는 헌법불합치결정을 이행하기 위해 국민연금법을 개정했으며, 심판대상조항이 소급적용 경과규정을 두지 않은 것이 평등원칙에 위배되는지 판단할 때 종전 헌법불합치결정의 취지를 고려해야 한다(헌재 2019.9.26. 2018헌바218 등 참조). 종전 헌법불합치결정은 실질적인 혼인관계가 없는 이혼배우자에게도 분할연금을 인정하는 구법 조항이 노령연금 수급권자의 재산권을 침해한다고 판단했다. 따라서 신법 조항을 소급적용하여 합헌적 상태를 회복해야 한다. 심판대상조항이 분할연금 지급사유 발생 시점을 기준으로 차별하는 것은 합리적 이유가 없으며, 소급적용을 하지 않는 것은 차별을 정당화할 이유가 없으므로 평등원칙에 위배된다.

CASE 02

외국인만으로 구성된 가구 중 영주권자 및 결혼이민자만을 긴급재난지원금 지급대상에 포함시키고 난민인정자를 제외한 관계부처합동 '긴급재난지원금 가구구성 및 이의신청 처리기준'이 난민인정자인 청구인의 평등권을 침해하는지 여부(적극)   2024.3.28. 2020헌마1079

'국민' 또는 국민과 유사한 지위에 있는 '외국인'은 기본권의 주체가 될 수 있으며, 인간의 존엄과 가치, 행복추구권은 대체로 인간의 권리로서 외국인도 주체가 될 수 있다고 보아야 하고, 평등권도 인간의 권리로서 참정권 등에 대한 성질상의 제한 및 상호주의에 따른 제한이 있을 뿐이다.
이 사건 처리기준은 외국인 중 영주권자 및 결혼이민자를 긴급재난지원금 지급대상에 포함시키면서 난민인정자는 그 대상에서 제외하고 있는바, 이와 같은 외국인 사이의 차별 취급이 평등권 침해인지 여부가 문제되는 사안이므로 기본권의 성질상 제한을 받는다거나 상호주의가 문제되는 경우가 아니어서, 청구인은 이 사건에서 기본권 주체성이 인정될 수 있다.

코로나19로 인한 경제적 타격 회복을 위한 지원금 수급 대상에 있어 영주권자, 결혼이민자, 난민인정자 간 차이가 없다. 이들 모두 한국에서 합법적으로 체류하며 취업활동에 제한이 없다는 점에서 차이가 없으므로, 이들을 동일하게 지원해야 한다. 또한, 난민인정자에게 긴급재난지원금을 지급해도 재정에 큰 어려움이 없으며, 가족관계 증명 어려움은 지급 제외의 합리적 이유가 될 수 없다. 따라서 난민인정자를 긴급재난지원금 지급 대상에서 제외한 것은 합리적 이유 없는 차별로, 청구인의 평등권을 침해한다.

지방자치단체장을 공무원연금법상 퇴직급여 및 퇴직수당의 지급 대상에서 제외하고 있는 구 공무원연금법이 인간다운 생활을 할 권리를 침해하거나 평등원칙에 반하는지 여부(소극)

2024.4.25. 2020헌바322

헌법재판소는 2014.6.26. 2012헌마459 결정에서 지방자치단체장이 공무원연금법 적용 대상에서 제외되더라도 국민연금, 사회보장 등을 통해 인간다운 생활이 보장되므로 권리 침해가 없다고 판단했다. 지방사치단체장은 경력식공무원과 근본적으로 차이가 있어 공무원연금법 적용에서 제외되는 것은 합리적 이유가 있다고 보았다. 이후 공무원연금법이 개정되어 최소 재직기간이 단축되었으나, 이는 공무원 임용 연령 제한 폐지와 국민연금 형평을 고려한 것으로, 본질적 차이를 해소하지 못했다. 따라서 선례와 달리 판단할 사정변경이나 필요성이 없으며, 심판대상조항은 인간다운 생활을 할 권리나 평등원칙을 침해하지 않는다.

장애보상금 지급대상을 군인으로 한정함으로써 군복무 중 질병 또는 부상으로 퇴직한 이후에 장애상태가 확정된 군인을 장애보상금 지급대상에서 제외하고 있는 구 군인연금법 제31조 제1항 중 군인에 대한 장애보상금에 관한 부분이 평등원칙에 위배되는지 여부(소극)

2024.2.28. 2020헌바320

군인의 공무상 질병이나 부상으로 인한 상이연금은 사망 시까지 지급되는 반면, 장애보상금은 군복무 중 질병 또는 부상으로 전역시 일시금으로 지급된다. 장애보상금은 공무상 질병 여부와 상관없이 지급되므로, 상이연금보다 근로재해 보상 성격이 약하다. 장애보상금의 지급대상 결정은 입법자의 재량이 크며, 전역 당시 장애등급을 기준으로 하는 것은 불합리하지 않다. 질병과 장애 사이의 인과관계 입증은 혼선을 초래할 수 있고, 전역 후 장애에 대한 보상은 연금재정 운용에 부담이 된다. 따라서 전역 후 장애등급을 받은 경우를 장애보상금 지급대상에서 제외해도 평등원칙에 위반되지 않는다.

재판관 김기영, 재판관 김형두의 반대의견

장애보상금은 군복무 중 장애로 갑작스럽게 전역하는 군인의 요양 및 생활 안정을 위해 지급되는 일시금이다. 정신과적 질병이 전역 후 악화될 가능성이 있는 경우, 해당 질병의 특성을 고려한 절차와 기준에 따라 장애판정과 보상이 이루어져야 한다. 그러나 심판대상조항은 퇴직 당시 일정 수준 이상의 장애등급을 받은 경우에만 장애보상금을 지급하도록 한정하고 있어, 이는 정신장애 군인에게 불합리한 차별이며 평등원칙에 위배된다.

비교판례

공무상 질병 또는 부상으로 '퇴직 이후에 폐질상태가 확정된 군인'에 대해서 상이연금 지급에 관한 규정을 두지 아니한 군인연금법 제23조 제1항이 평등의 원칙에 위배되어 헌법에 위반된다(2010.6.24. 2008헌바128).

CASE 05 현역병에 대한 국민건강보험공단의 요양비 지급문제

1. 현역병이 국민건강보험공단으로부터 요양비에 관한 지급을 받을 수 있도록 규정하지 아니한 구 국민건강보험법 제60조 제1항 중 '현역병'에 관한 부분과 관련하여 현역병과 일반 건강보험가입자를 차별이 문제되는 비교집단 이라 볼 수 있는지 여부(소극)

   현역병에 대한 의료지원제도는 군복무기간 동안 현역병에게 발생한 질병·부상 등에 대한 의료보장은 국가책임으로 국가 가 비용을 부담하여 무상의 의료서비스를 제공하는 것을 내용으로 하며, 건강보험제도와는 별개로 설계된 의료보장 제도인 바, 현역병과 일반 건강보험가입자는 의료보장의 근거가 되는 기본 법률, 재원조달방식, 자기기여 여부 등에서 명확히 구분 되므로, 이 사건 법률조항과 관련하여 현역병과 건강보험가입자는 차별이 문제되는 비교집단이라 보기 어렵다.

2. 현역병이 국민건강보험공단으로부터 요양비에 관한 지급을 받을 수 있도록 규정한 개정된 법률조항을 개정법 시행 후 최초로 요양을 받은 경우부터 적용하도록 규정한 국민건강보험법 부칙 제4조 중 '현역병'에 관한 부분 평등원칙에 위반되는지 여부(소극)

   이 사건 부칙조항은 개정된 법률조항을 개정법 시행 후 최초로 제49조 제1항에 따라 질병 등에 대하여 요양을 받은 경우부 터 적용하도록 규정함으로써 개정법 시행 전 요양을 받은 현역병과 개정법 시행 후 요양을 받은 현역병을 차별취급하고 있다.
   요양을 받은 일자를 한정하지 않고 소급할 경우 공단 및 국방부가 안게 될 행정 부담과, 공단의 청구에 따라 요양비를 지급 해야 하는 국가가 안게 되는 재정적 부담을 종합적으로 고려하여 개정법 시행 후 최초로 요양을 받은 경우부터 개정된 법률 조항을 적용하기로 한 입법적 결정이 입법재량의 한계를 벗어나 현저히 자의적인 것이라고 보기 어려워, 이 사건 부칙조항 은 평등원칙에 위반되지 아니한다.

CASE 06 치과의사에게 요양병원을 개설할 자격을 부여하지 않는 구 의료법 제33조 제2항

요양병원의 입원 대상은 노인성질환자, 만성질환자, 외과적 수술 후 또는 상해 후 회복기간에 있는 자로서 주로 요양이 필요한 사람이다. 요양병원의 설치목적과 공공성, 국민의 건강을 보호하고 적정한 의료급여를 보장해야 하는 사회국가적 의무를 감안 하면, 인체 전반에 관한 의료 및 보건지도를 임무로 하는 의사 및 한의사에게는 요양병원의 개설을 허용하면서, 치과 의료와 구강 보건지도를 임무로 하고 치과진료에 특화된 의료인인 치과의사에게는 요양병원의 개설을 허용하지 않고 있는 것에는, 합리적인 이유가 있다고 보아야 한다. 심판대상조항은 청구인의 평등권을 침해한다고 볼 수 없다.

이행강제금 횟수제한에 있어서 '연면적이 85제곱미터 이하인 주거용 건축물' 에 대하여 총 부과 횟수가 5회를 넘지 아니하는 범위에서 해당 지방자치단체의 조례로 부과 횟수를 따로 정할 수 있도록 한 건축법 2024.1.25. 2020헌바558

오피스텔은 업무용 건축물로서 애초에 주거 용도로 건축된 건축물이 아니므로 단독주택이나 공동주택처럼 주거를 목적으로 건축된 건축물과는 명확한 차이가 있다. 그러므로 오피스텔처럼 주거 용도가 아닌 그 밖의 건축물에 대한 건축법상 위반의 경우와 달리 심판대상조항에서 영세한 건축주 등의 과도한 경제적 부담을 줄여주고 건축법 위반에 대한 시정의 어려움을 고려하여 연면적이 85제곱미터 이하인 주거용 건축물의 건축주 등에 대해 일정 횟수 이상의 이행강제금 부과를 제한한 것은 합리적인 이유가 있다고 볼 수 있다. 그렇다면 심판대상조항은 평등원칙에 위배되지 아니한다.

'국가, 지방자치단체, 공공기관의 운영에 관한 법률에 따른 공공기관'이 시행하는 개발사업과 달리, 학교법인이 시행하는 개발사업은 그 일체를 개발부담금의 제외 또는 경감 대상으로 규정하지 않은 '개발이익 환수에 관한 법률'이 평등원칙에 위반되는지 여부(소극) 2024.5.30. 2020헌바179

국가와 지방자치단체는 개발이익의 환수 주체 또는 배분 대상으로 개발이익 환수 필요성이 낮다. 공공기관도 개발이익을 보유 후 국가사업에 사용할 수 있어 환수 필요성이 낮다. 그러나 학교법인이 시행하는 개발사업의 이익은 국가나 지방자치단체에 귀속되지 않으며, 공동체가 공평하게 향유할 수도 없다. 따라서 학교법인이 개발부담금 제외 또는 경감 대상으로 포함되지 않는 것은 합리적 이유가 있으며, 평등원칙에 위반되지 않는다.

전기판매사업자에게 약관의 명시·교부의무를 면제한 '약관의 규제에 관한 법률' 제3조 제2항 단서 제2호 중 '전기사업'에 관한 부분이 평등원칙에 위반되는지 여부(소극) 2024.4.25. 2022헌바65

전기판매사업자는 전기사업법과 시행령에 따라 주무관청의 인가를 받은 공급약관을 마련해 소비자 보호를 일정 정도 달성할 수 있다. 전기판매사업자에게 일반 약관 거래처럼 명시·교부의무를 부과하면 상당한 비용이 발생하고 업무 효율성이 저해될 우려가 있다. 전기사용자는 한국전력공사의 사업소와 인터넷 홈페이지를 통해 공급약관을 확인할 수 있다. 따라서 전기판매사업자에게 명시·교부의무를 면제하는 것은 합리적인 이유가 있어 평등원칙에 위반되지 않는다.

국립대학교 법학전문대학원 불합격취소

국립대학교 법학전문대학원 입시에서 제칠일안식일예수재림교 신자가 종교적 신념을 이유로 불이익을 받는 경우, 국립대학교 총장은 비례의 원칙에 따라 이러한 불이익을 해소하기 위한 적극적인 조치를 취할 의무가 있으며, 이를 해소하지 않고 면접일시 변경을 거부한 총장의 행위는 헌법상 평등원칙을 위반한 것으로 위법하고, 이로 인해 발생한 불합격처분은 취소되어야 한다.

06 신체의 자유

CASE 01

회계관계직원이 국고에 손실을 입힐 것을 알면서 그 직무에 관하여 형법 제355조 제1항(횡령, 배임)의 죄를 범한 경우 가중처벌을 하도록 한 특정범죄가중법 조항

2024.4.25. 2021헌바21

'그 밖에 국가의 회계사무를 처리하는 사람'을 회계관계직원의 범위에 포함한 것은 회계직원책임법 제2조 제1호 가목부터 차목까지 열거된 직명을 갖지 않는 사람이라도 관련 법령에 따라 국가의 회계사무를 처리하면 회계관계직원으로서의 책임을 지도록 하기 위한 것이다. 이러한 입법 취지에 비추어 보면 '그 밖에 국가의 회계사무를 처리하는 사람'이란 회계직원책임법 제2조 제1호 가목부터 차목까지에 열거된 직명을 갖지 않는 사람이라도 실질적으로 그와 유사한 회계관계업무를 처리하는 사람으로, 그 업무를 전담하는지 여부나 직위의 높고 낮음은 불문함을 예측할 수 있다. 따라서 회계직원책임법 제2조 제1호 카목 및 이를 구성요건으로 하고 있는 이 사건 특정범죄가중법 조항은 죄형법정주의의 명확성원칙에 위배되지 아니한다.

CASE 02

누구든지 선박의 감항성의 결함을 발견한 때에는 해양수산부령이 정하는 바에 따라 그 내용을 해양수산부장관에게 신고하여야 한다고 규정한 구 선박안전법 제74조 제1항 중 '선박의 감항성의 결함'에 관한 부분이 죄형법정주의의 명확성원칙에 위배되는지 여부(소극)

2024.5.30. 2020헌바234

선박안전법 제2조 제6호는 감항성을 '선박이 일정한 기상이나 항해조건에서 안전하게 항해할 수 있는 성능'으로 정의하며, 법의 목적을 '선박의 감항성 유지 및 안전운항에 필요한 사항을 규정함으로써 국민의 생명과 재산을 보호'하는 것이라고 규정하고 있다. 선박안전법은 선박의 건조 및 운항 중 여러 검사를 규정하고 있으며, 검사를 통과하지 못하는 선박은 감항성 결함이 있다고 볼 수 있다. 따라서 신고의무조항의 '선박의 감항성의 결함'은 '각종 검사 기준에 부합하지 않는 상태로, 선박의 안전 항해 성능과 직접 관련된 흠결'로 해석할 수 있어 명확성원칙에 위배되지 않는다.

07 사생활의 비밀과 자유

<table>
<tr>
<td>CASE 01</td>
<td>피청구인 경북북부제2교도소장이 2020.10.7. 및 2020.11.4. 청구인의 정신과진료 현장에 각각 간호직교도관을 입회시킨 행위 및 피청구인 홍성교도소장이 2020.12.8. 및 2021.1.5. 청구인의 정신과 화상진료 현장에 각각 간호직교도관을 입회시킨 행위가 청구인의 법률유보원칙 또는 과잉금지원칙에 반하여 사생활의 비밀과 자유를 침해하는지 여부(소극)
2024.1.25. 2020헌마1725</td>
</tr>
</table>

이 사건 동행계호행위는 '형의 집행 및 수용자의 처우에 관한 법률' 제57조 제7항 및 형집행법 시행령 제83조, 이에 근거한 '수용관리 및 계호업무 등에 관한 지침' 및 교도관직무규칙 조항들에 따라 이루어진 행위로서 법률에 근거를 두고 있으므로 법률유보원칙에 반하여 청구인의 사생활의 비밀과 자유를 침해하지 않는다.

이 사건 동행계호행위는 교정사고를 예방하고 수용자 및 진료 담당 의사의 신체 등을 보호하기 위한 것이다. 청구인이 상습적으로 교정질서 문란행위를 저지른 전력이 있는 점, 정신질환의 증상으로 자해 또는 타해 행동이 나타날 우려가 있는 점, 교정시설은 수형자의 교정교화와 건전한 사회복귀를 도모하기 위한 시설로서 정신질환자의 치료 중심 수용 환경 조성에는 한계가 있는 점 등을 고려하면 이 사건 동행계호행위는 과잉금지원칙에 반하여 청구인의 사생활의 비밀과 자유를 침해하지 않는다.

<table>
<tr>
<td>CASE 02</td>
<td>대체복무요원 생활관 내부의 공용공간에 CCTV를 설치하여 촬영하는 행위가 대체복무요원 생활관에서 합숙하는 청구인들의 사생활의 비밀과 자유를 침해하는지 여부(소극)
2024.5.30. 2022헌마707</td>
</tr>
</table>

CCTV 촬영행위는 교정시설의 계호, 경비, 보안, 안전, 관리 등을 위한 목적에서 행해지는 것이다. CCTV 촬영행위는 대체복무 생활관에서 합숙하는 청구인들의 안전한 생활을 보호해주는 측면도 있다. 청구인들의 생활관 내부에 설치된 CCTV들은 외부인의 허가 없는 출입이나 이동, 시설의 안전, 화재, 사고 등을 확인할 수 있는 위치들에 설치되어 있고, 개별적인 생활공간에는 CCTV가 설치되어 있지 않다. 따라서 CCTV 촬영행위는 과잉금지원칙을 위반하여 청구인들의 사생활의 비밀과 자유를 침해하지 아니한다.

1. 재산등록 의무자의 범위를 대통령령에 위임한 공직자윤리법 제3조 제1항 제13호 중 '대통령령으로 정하는 특정 분야의 공무원' 부분이 포괄위임금지원칙에 위배되는지 여부(소극)

재산등록의무를 부담하는 특정 분야의 공무원의 범위는 해당 공무원의 권한 및 책임 범위, 대민업무의 빈도 등을 고려하여 적시에 조정될 필요가 있다. 이를 법률에서 일일이 규정하기보다 대통령령으로 정하도록 위임하는 것이 필요하며, 공직자 재산등록제도의 취지와 관련 법조항을 종합하면, 이 사건 법률조항의 위임에 따라 대통령령으로 규정될 재산등록의무자의 범위에는 경찰공무원처럼 대민업무가 빈번하고 권한 남용을 통해 비리가 발생할 가능성이 큰 직무 분야의 공무원이 포함될 것임을 예측할 수 있다. 따라서 이 사건 법률조항은 포괄위임금지원칙에 위배되지 않는다.

2. 경찰공무원 중 경사를 공직자 재산등록 의무자로 정한 이 사건 법률조항 및 구 공직자윤리법 시행령 제3조 제4항 제6호 중 '경사' 부분이 사생활의 비밀과 자유를 침해하는지 여부(소극)

공직자윤리법에 의한 재산등록제도는 재산공개제도와는 구별되는 것으로서 등록의무자가 곧바로 등록재산공개자가 되는 것이 아니고, 등록사항은 공직자윤리위원회가 심사할 뿐이며 일반인에게 그 정보가 공개되는 것이 아니다. 공직자윤리법은 등록의무자의 재산에 관한 사항이 외부에 알려지지 않도록 보호하는 조치를 마련하고 있고, 일정 가액 이상만을 등록대상으로 하여 목적달성에 필요한 최소한의 재산 정보만을 등록하도록 하였으며, 등록의무자의 부양을 받지 않는 직계존비속의 경우에는 재산신고사항의 고지를 거부할 수 있는 고지거부제도를 운용하고 있다. 따라서 심판대상조항은 과잉금지원칙에 반하여 청구인 권○○의 사생활의 비밀과 자유를 침해하지 아니한다.

3. 일반직 공무원과 경찰공무원을 달리 취급하는 심판대상조항이 평등권을 침해하는지 여부(소극)

일반직 공무원은 기술·연구 또는 행정 일반에 대한 업무를 담당하는 공무원으로서 경찰공무원과는 담당 직무가 다르고, 공무원 재산등록제도의 취지에 비추어 본 재산등록의 필요성 정도도 서로 다르다. 일반직 공무원과 달리 경찰업무의 특수성을 고려하여 경사 계급까지 등록의무를 부과한 것은 합리적인 이유가 있으므로 심판대상조항이 청구인 권○○의 평등권을 침해한다고 볼 수 없다.

08 개인정보자기결정권

CASE 01	가족관계등록부의 재작성 신청을 혼인무효사유가 한쪽 당사자나 제3자의 범죄행위로 인한 경우로 한정한 '가족관계등록부의 재작성에 관한 사무처리지침'이 청구인의 개인정보자기결정권을 침해하는지 여부(소극)

2024.1.25. 2020헌마65

[사건개요]

혼인무효판결에 기하여 천안시 서북구청장에게 가족관계등록부 정정신청을 하였고 가족관계등록부가 정정되었으나, 정정된 가족관계등록부에 기초한 혼인관계증명서(상세)는 무효인 혼인의 신고에 관한 부분에 선을 긋고, 정정사유 등을 표시한 상태로 발급되었다.

심판대상조항에 따라 혼인무효판결을 받았으나 범죄행위로 인한 경우가 아닌 경우, 등록부 재작성 신청권이 인정되지 않으며, 정정된 등록부가 보존된다. 이는 청구인의 개인정보자기결정권을 제한하므로 과잉금지원칙 위반 여부를 검토한다. 심판대상조항은 신분관계의 이력을 노출해 부당한 피해를 방지하면서도 가족관계등록제도의 목적을 달성하기 위한 것으로 입법목적이 정당하고, 제한적인 경우에만 가족관계등록부 재작성을 허용하는 것은 목적 달성에 적합하다. 무효인 혼인에 관한 가족관계등록부 기록사항 보존은 공적 증명이 필요한 경우도 있을 수 있어 원칙적으로 필요하며, 가정법원의 허가를 받아 재작성될 수 있어 침해의 최소성도 인정된다. 또한, 심판대상조항이 개인정보를 새로 수집·관리하는 것이 아니므로 청구인의 불이익이 중대하지 않으며, 가족관계 변동에 관한 진실성을 담보하는 공익이 더 중대하므로 법익균형성도 인정된다. 따라서 심판대상조항은 과잉금지원칙을 위반하지 않아 청구인의 개인정보자기결정권을 침해하지 않는다.

감염병 전파 차단을 위한 개인정보 수집의 수권조항인 구 감염병예방법 제76조의2 제1항 제1호가 청구인의 개인정보자기결정권을 침해하는지 여부(소극)

2024.4.25. 2020헌마1028

1. 쟁점의 정리

(1) 개인정보자기결정권

심판대상조항은 보건복지부장관 또는 질병관리본부장이 법인 등에 개인정보 제공을 요청할 수 있도록 하고, 법인 등이 이에 응하도록 규정하고 있어 본인의 동의 없이 개인정보를 수집·처리할 수 있게 한다. 따라서, 심판대상조항이 과잉금지원칙을 위반하여 개인정보자기결정권을 침해하는지 문제된다. 청구인은 '감염병의심자'의 정의가 포괄적이라 행정주체가 자의적으로 판단할 여지가 있다고 주장하나, 이는 과잉금지원칙 위반 여부에서 검토하고 명확성원칙 위배 여부는 별도로 판단하지 않는다.

(2) 사생활의 비밀·통신의 자유·일반적 행동의 자유

심판대상조항으로 인해 사생활의 비밀과 자유, 통신의 자유, 일반적 행동의 자유가 제한되지만, 이는 개인정보자기결정권 보호영역과 중첩되므로, 개인정보자기결정권 침해 여부를 판단하면서 별도로 판단하지 않는다.

(3) 평등권

청구인은 감염병 감염 가능성이 없는 자를 감염 가능성 있는 자와 동일하게 취급하여 평등권을 제한한다고 주장하나, 이는 심판대상조항의 광범위성으로 인한 문제를 다투는 것이므로 과잉금지원칙 위반 여부에서 검토하고 평등권 침해 여부는 별도로 판단하지 않는다.

2. 과잉금지원칙을 위반하여 개인정보자기결정권을 침해하는지 여부

(1) 목적의 정당성과 수단의 적합성

이 사건 심판대상조항은 감염병 예방과 전파 차단을 위해 보건복지부장관이나 질병관리본부장이 개인정보를 요청하고 수집할 수 있도록 함으로써, 신속하고 적절한 방역조치를 취할 수 있게 한다. 이는 국민의 건강과 생명을 보호하기 위한 정당한 입법목적을 가지고 있으며, 감염 통제를 위한 진단, 추적, 격리(Test-Tracing-Treatment) 방역 전략을 효과적으로 수행할 수 있도록 정보를 신속하게 확보해 감염 확산을 저지할 수 있어 수단의 적합성도 인정된다.

(2) 침해의 최소성

국가는 헌법 제34조 제6항에 따라 재해를 예방하고 국민을 보호할 의무가 있다. 감염병 확산과 같은 위험에 대해 국가의 체계적이고 총체적인 대응이 필요하며, 보건당국이 신속하고 적절한 방역조치를 취하기 위해 필요한 정보를 수집할 수 있는 충분한 권한을 가져야 한다.

(가) 재량의 법적 한계

이 사건 심판대상조항은 보건당국이 감염병환자, 감염병의사환자 및 병원체보유자 등의 인적정보를 수집할 수 있도록 하며, 그 목적과 대상을 제한하고 있다. 감염병의심자의 범위는 포괄적으로 정의되지만, 개별 감염병의 전파 방식을 예측하기 어려운 점을 고려할 때 이러한 규정형식은 불가피하다. 또한, 감염병예방법은 정보 수집 후 사후통지절차를 통해 정보주체의 절차적 권리를 보장하며, 정보 남용 가능성에 대한 사후적 통제장치도 마련하고 있다.

(나) 처분 재량의 한계

이 사건 심판대상조항은 포괄적인 수권규정의 형태를 띠고 있지만, 보건당국은 비례원칙을 준수하여 필요한 범위 내에서 정보수집을 해야 한다. 감염병 유행 상황에 맞게 신속하고 유연하게 대응할 수 있도록 보건당국의 재량을 인정하고 있으나, 이는 반드시 개인정보자기결정권의 광범위한 제한을 허용하는 것은 아니다.

(다) 소결

이 사건 심판대상조항은 합리적으로 제한된 범위 내에서 정보수집을 허용하며, 개인정보 수집 및 이용을 통제하는 법적 규범도 마련되어 있다. 따라서 이 사건 심판대상조항은 침해의 최소성을 충족한다고 할 수 있다.

(3) 법익의 균형성

이 사건 심판대상조항은 감염병 예방 및 전파 차단을 위해 필요한 경우에만 개인정보를 수집하도록 규정하며, 실질적·절차적 통제 체계를 갖추고 있다. 이 조항은 예외적 상황에서 일시적으로 적용되어 개인정보자기결정권 제한의 효과가 중대하지 않다. 감염병 확산을 신속히 차단하는 공익은 국민의 생명과 건강 보호 및 사회적·경제적 손실 방지를 위해 중요하다. 따라서 개인정보자기결정권의 제한은 달성하고자 하는 공익보다 중하지 않다.

(4) 소결

이 사건 심판대상조항은 과잉금지원칙을 위반하여 청구인의 개인정보자기결정권을 침해하지 않는다.

09 양심의 자유

1. 쟁점 정리

(1) 대체복무기관을 '교정시설'로 한정한 복무기관조항, 대체복무요원의 복무기간을 '36개월'로 한 기간조항, 대체복무요원의 '합숙' 복무를 강제한 합숙조항이 과도한 복무 부담을 주고 대체역을 선택하기 어렵게 만들어 양심의 자유를 침해하는지 여부를 판단한다.

(2) 청구인들은 보충역에서 대체역으로 편입된 경우, 자녀가 있는 대체역의 경우에도 교정시설에서 36개월간 합숙복무를 강제하는 것이 평등권을 침해한다고 주장하나, 이는 대체역 복무가 과도하다는 취지이므로 양심의 자유 침해 여부 판단에서 함께 살펴본다.

(3) 심판대상조항들이 신체의 자유, 거주·이전의 자유, 직업의 자유, 사생활의 비밀과 자유, 통신의 자유, 종교의 자유, 인격권을 침해한다는 주장은 대체역 복무 부여가 과도하다는 주장을 보충하는 것이므로, 양심의 자유 침해 여부를 판단하는 이상 별도로 판단하지 않는다.

2. 대체복무제도에 대한 입법자의 입법형성권

헌법 제39조 제1항과 병역법 제3조 제1항에 따라 국방의 의무 및 병역의무의 내용과 범위는 입법자가 헌법에 위반되지 않는 범위에서 결정할 수 있다. 입법자는 대체복무요원의 복무 내용과 범위를 정할 때 폭넓은 입법형성권을 가지며, 병역부담의 형평을 유지하여야 한다. 우리나라에서는 18세 이상의 남자에게 일반적인 병역의무를 부과하므로, 입법자는 전체 병역 제도의 효율적 운영과 형평성을 고려해야 한다.

3. 대체복무기관을 '교정시설'로 한정한 '대체역의 편입 및 복무 등에 관한 법률' 시행령 제18조, 대체복무요원의 복무기간을 '36개월'로 한 대체역법 제18조 제1항, 대체복무요원으로 하여금 '합숙'하여 복무하도록 한 대체역법 제21조 제2항이 청구인들의 양심의 자유를 침해하는지 여부(소극)

(1) 입법목적의 정당성

심판대상조항은 양심의 자유를 이유로 병역 대체역을 통해 현역복무를 대신하는 사람들을 36개월 동안 교도소나 구치소에서 합숙 복무하도록 하며, 국방 의무와 양심의 자유를 조화시키며 국민의 병역 부담을 공평하게 분담하려는 입법목적은 정당하다.

(2) 수단의 적합성

대체역법 제16조에 따라 교정시설에서 공익에 필요한 업무에 복무하는 것은 집총 등 군사훈련이 수반되지 않는 점, 현역병은 원칙적으로 출퇴근 근무를 할 수 없고 군부대 안에서 합숙복무를 하는 점, 대체복무요원 외에도 병역법상 복무기간이 36개월인 병역들이 있는 점(승선근무예비역, 전문연구요원, 공중보건의사, 공익법무관 등) 등을 고려할 때, 심판대상조항들이 대체복무요원으로 하여금 '교도소, 구치소, 교도소·구치소의 지소'에서 '36개월' 동안 '합숙'하여 복무하도록 하는 것은 위와 같은 입법목적을 달성하는 데 일응 기여하고 있는바, 그 수단의 적합성을 인정할 수 있다.

(3) 침해의 최소성

(가) 복무기관조항

대체복무기관을 교정시설로 한정한 것은 불합리하지 않으며, 대체복무요원이 수행하는 업무는 다른 기관에서도 부여될 수 있는 업무이다. 대체복무요원이 교정시설에서 복무한다고 해서 수형자와 같은 징벌적 처우를 받는다고 볼 수 없다.

(나) 기간조항

대체복무기간을 현역병보다 길게 설정한 것은 병역기피자를 방지하기 위한 수단으로서, 합리적이다. 다만, 과도한 기간은 대체복무제를 유명무실하게 할 수 있지만, 현역 육군 복무기간의 1.5배인 36개월은 징벌적이라고 보기 어렵다. 이는 국가의 안전보장과 국토방위의 중대성을 고려한 것이다.

(다) 합숙조항

합숙복무는 현역병과의 형평성을 고려한 것이며, 대체복무요원이 여러 제한을 받는 것은 특정 대체복무기관에서 함께 생활하기 위한 필요성 때문이다. 사회복무요원 등 보충역과 비교해 무겁게 보일 수 있지만, 입법자는 병역회피 방지를 위해 엄격한 기준을 두었다. 따라서, 이를 징벌적 처우로 볼 수 없다.

(4) 법익의 균형성

심판대상조항들이 설정한 대체복무요원의 교정시설에서의 복무는 대체복무제의 목적과 양립하며, 현역병과의 복무 상황 및 선택권 없음을 고려하여 적절한 조치이다. 이는 국방의무와 양심의 자유 조화, 병역부담의 공정성, 국가 안전과 기본권 보호를 실현하기 위한 목적을 지향하고 있으며, 이로 인한 대체복무요원의 제한은 법익의 균형성에 부합한다.

(5) 이상에서 살펴본 내용을 종합하면, 심판대상조항들이 과잉금지원칙을 위반하여 양심의 자유를 침해한다고 볼 수 없다.

10 표현의 자유

CASE 01 집회소음 기준

2024.3.28. 2020헌바586

1. 집회 또는 시위의 주최자가 대통령령으로 정하는 기준을 위반한 소음을 발생시키는 것을 금지한 '집회 및 시위에 관한 법률' 제14조 제1항이 죄형법정주의 및 포괄위임금지원칙에 위배되는지 여부(소극)

   집회 또는 시위에서 발생하는 소음의 제한과 관련하여 세부적인 사항은 대상지역, 시간대, 측정방법 등을 고려하여 탄력적으로 정할 필요가 있다. '집회 및 시위에 관한 법률' 제14조 제1항은 '타인에게 심각한 피해를 주는 소음'으로 대통령령이 규정할 소음기준을 정하고 있고, 이에 따라 대통령령에서 대상지역이나 시간대 등을 고려하여 소음기준이 정해질 것임을 충분히 예측할 수 있으므로, '집회 및 시위에 관한 법률' 제14조 제1항은 죄형법정주의 및 포괄위임금지원칙에 위배되지 않는다.

2. 집회 또는 시위의 주최자가 확성기 등을 사용하여 기준을 초과하는 소음을 발생시키는 것을 금지하고 관할경찰관서장의 기준 이하 소음유지명령이나 확성기 등 사용중지명령을 위반한 경우 처벌하는 '집회 및 시위에 관한 법률' 제14조 제1항, 제2항 중 '그 기준 이하의 소음 유지 또는 확성기 등의 사용 중지를 명할 수 있다'에 관한 부분 및 제24조 제4호 중 '제14조 제2항에 따른 명령을 위반한 자'에 관한 부분이 과잉금지원칙에 위배되는지 여부(소극)

   심판대상조항은 집회의 자유와 국민의 평온한 생활의 조화를 도모하기 위한 것으로, 집회의 목적 달성의 범위를 넘는 심각한 피해를 주는 소음까지 감내해야 할 의무가 있다고 보기는 어렵고, 기준을 초과하는 소음을 발생시킬 뿐 아니라 소음유지명령 등을 위반한 경우에 한하여 형사처벌하도록 정하고 있으므로 과잉금지원칙에 위배되어 집회의 자유를 침해하지 않는다.

CASE 02 | 조합장선거에서 후보자가 아닌 사람의 선거운동을 금지하고, 이를 위반하면 처벌하는 '공공단체등 위탁선거에 관한 법률'
2024.2.28. 2021헌가16

조합장선거의 과열과 혼탁 방지를 위해 후보자가 아닌 사람의 선거운동을 전면 금지하고 형사처벌하는 것은 정당한 입법목적이다. 이는 선거의 공정성을 담보하기 위한 적정한 수단이며, 후보자 혼자 선거운동을 하는 것이 물리적으로 불가능하지 않으므로 침해의 최소성원칙에도 반하지 않는다. 후보자는 가족이나 선거사무원을 통한 선거운동이 제한되지만, 조합장선거의 공정성 확보라는 공익이 더 크다. 따라서 법익의 균형성 또한 충족된다.

CASE 03 | 18세 미만의 미성년자는 선거운동을 할 수 없도록 정한 공직선거법 제60조 제1항 본문 제2호가 선거운동의 자유를 침해하는지 여부(소극)
2024.5.30. 2020헌마1743

선거운동제한조항은 18세 미만인 사람의 선거운동만을 제한하고 있을 뿐, 선거에 관한 단순한 의견개진 및 의사표시, 정당의 후보자 추천에 관한 단순한 지지·반대의 의견개진 및 의사표시 등은 제한하지 않는 점, 18세가 되면 선거운동의 자유를 행사할 수 있는 점, 선거운동의 자유는 선거권 행사의 전제인 점 등을 종합하면, 입법자가 선거운동의 자유가 인정되는 연령을 18세 이상으로 정한 것이 불합리하다고 보기 어렵고, 선거운동제한조항은 18세 미만인 사람들의 선거운동의 자유를 침해하지 않는다.

CASE 04 | 성범죄자의 공개정보를 확인한 자는 공개정보를 활용하여 정보통신망을 이용한 공개 행위를 하여서는 아니 된다고 규정한 '아동·청소년의 성보호에 관한 법률'이 표현의 자유를 침해하는지 여부(소극)
2024.2.28. 2020헌마801

성범죄자의 신상정보를 공개하는 것은 성범죄를 예방하고, 잠재적인 피해자와 지역사회를 보호하며, 아동·청소년의 성을 보호하고 사회방위를 도모하기 위한 것이다. 심판대상조항은 성범죄자의 인격권 침해를 제한하기 위해 정보통신망을 이용한 공개 행위를 금지하고, 이 목적의 정당성은 인정된다. 또한 정보통신망을 이용한 공개 행위를 금지하고 위반시 형사처벌하는 것은 적합한 수단이다. 성범죄자의 신상정보는 실명인증 절차 등을 거쳐 누구나 확인할 수 있고, 관할 지역의 아동·청소년 친권자에게 상세주소까지 우편으로 고지된다. 따라서 정보의 접근이 제한적이라거나 공개제도의 취지가 달성되기 어렵다고 보기는 힘들다. 심판대상조항은 침해의 최소성을 갖추고 법익의 균형성도 갖추었다.

1. 쟁점의 정리

(1) 알 권리 침해 여부

보유기간 조항은 개인영상정보의 보유기간을 30일로 제한하여 청구인의 알 권리를 침해하는지 여부가 문제된다.

(2) 통신의 자유 침해 여부

청구인은 보유기간 조항이 통신의 자유를 침해한다고 주장하지만, 이는 헌법 제18조가 보호하는 통신의 비밀과 관련이 없으므로 따로 다루지 않는다.

(3) 인간 존엄성과 신체의 자유 침해 여부

청구인은 보유기간 조항이 위법한 수사로 인한 유죄 판결과 관련하여 인간의 존엄성과 신체의 자유를 침해한다고 주장하지만, 이는 간접적이고 가정적인 불이익에 불과하여 따로 다루지 않는다.

(4) 평등권 침해 여부

청구인은 경찰관서의 수사사무실과 유치장 외 공간의 보유기간이 달라 평등권을 침해한다고 주장하지만, 이는 보유기간이 과도하게 짧다는 주장과 다르지 않아 따로 다루지 않는다.

2. 경찰관서에서 수집한 개인영상정보의 보유기간을 30일로 정한 '경찰청 영상정보처리기기 운영규칙' 제10조 제1항 본문이 해당 영상정보에 대하여 정보공개청구를 한 청구인의 알 권리를 침해하는지 여부(소극)

보유기간 조항이 개인영상정보의 보유기간을 30일로 제한한 것은 수사기관에서 CCTV 등 영상정보처리기기로 수집된 개인영상정보가 정보주체의 의사와 무관하게 무단히 유출되거나 이용됨으로써 영상에 녹화된 개인의 사생활이 침해되거나 수사기관의 수사 또는 조사에 대한 정보 등이 유출되는 것을 차단하기 위한 것으로 그 입법목적의 정당성 및 수단의 적합성이 인정된다. 개인영상정보의 보유 목적, 처리 주체, 설치 장소 등을 종합적으로 고려할 때 30일의 기간이 지나치게 짧다고 볼 수 없으므로 침해의 최소성도 충족한다. 경찰관서에서 수집된 개인영상정보의 보유기간을 30일로 제한함으로써 사생활 침해나 정보유출을 최소화하려는 공익이 정보공개청구권자가 그 기간을 초과하여 해당 정보를 열람하거나 이용할 사익보다 작다고 볼 수 없으므로 법익의 균형성도 충족한다. 따라서 보유기간 조항은 과잉금지원칙에 위배되어 청구인의 알 권리를 침해하지 아니한다.

11 재산권

CASE 01 유류분 사건

2024.4.25. 2020헌가4

[심판대상조항]

민법 제1112조【유류분의 권리자와 유류분】 상속인의 유류분은 다음 각 호에 의한다.

1. 피상속인의 직계비속은 그 법정상속분의 2분의 1
2. 피상속인의 배우자는 그 법정상속분의 2분의 1
3. 피상속인의 직계존속은 그 법정상속분의 3분의 1
4. 피상속인의 형제자매는 그 법정상속분의 3분의 1

제1113조【유류분의 산정】 ① 유류분은 피상속인의 상속개시시에 있어서 가진 재산의 가액에 증여재산의 가액을 가산하고 채무의 전액을 공제하여 이를 산정한다.

② 조건부의 권리 또는 존속기간이 불확정한 권리는 가정법원이 선임한 감정인의 평가에 의하여 그 가격을 정한다.

제1114조【산입될 증여】 증여는 상속개시전의 1년간에 행한 것에 한하여 제1113조의 규정에 의하여 그 가액을 산정한다. 당사자 쌍방이 유류분권리자에 손해를 가할 것을 알고 증여를 한 때에는 1년 전에 한 것도 같다.

제1115조【유류분의 보전】 ① 유류분권리자가 피상속인의 제1114조에 규정된 증여 및 유증으로 인하여 그 유류분에 부족이 생긴 때에는 부족한 한도에서 그 재산의 반환을 청구할 수 있다.

② 제1항의 경우에 증여 및 유증을 받은 자가 수인인 때에는 각자가 얻은 유증가액의 비례로 반환하여야 한다.

제1116조【반환의 순서】 증여에 대하여는 유증을 반환받은 후가 아니면 이것을 청구할 수 없다.

제1118조【준용규정】 제1001조, 제1008조, 제1010조의 규정은 유류분에 이를 준용한다.

[관련조항]

민법(2014.12.30. 법률 제12881호로 개정된 것)

제1001조【대습상속】 전조 제1항 제1호와 제3호의 규정에 의하여 상속인이 될 직계비속 또는 형제자매가 상속개시 전에 사망하거나 결격자가 된 경우에 그 직계비속이 있는 때에는 그 직계비속이 사망하거나 결격된 자의 순위에 갈음하여 상속인이 된다.

제1008조【특별수익자의 상속분】 공동상속인 중에 피상속인으로부터 재산의 증여 또는 유증을 받은 자가 있는 경우에 그 수증재산이 자기의 상속분에 달하지 못한 때에는 그 부족한 부분의 한도에서 상속분이 있다.

제1010조【대습상속분】 ① 제1001조의 규정에 의하여 사망 또는 결격된 자에 갈음하여 상속인이 된 자의 상속분은 사망 또는 결격된 자의 상속분에 의한다.

② 전항의 경우에 사망 또는 결격된 자의 직계비속이 수인인 때에는 그 상속분은 사망 또는 결격된 자의 상속분의 한도에서 제1009조의 규정에 의하여 이를 정한다. 제1003조 제2항의 경우에도 또한 같다.

민법(2005.3.31. 법률 제7427호로 개정된 것)

제1008조의2 【기여분】 ① 공동상속인 중에 상당한 기간 동거·간호 그 밖의 방법으로 피상속인을 특별히 부양하거나 피상속인의 재산의 유지 또는 증가에 특별히 기여한 자가 있을 때에는 상속개시 당시의 피상속인의 재산가액에서 공동상속인의 협의로 정한 그 자의 기여분을 공제한 것을 상속재산으로 보고 제1009조 및 제1010조에 의하여 산정한 상속분에 기여분을 가산한 액으로써 그 자의 상속분으로 한다.

[주문]

1. 2020헌가4 사건의 위헌법률심판제청을 각하한다.
2. 민법(1977.12.31. 법률 제3051호로 개정된 것) 제1112조 제4호는 헌법에 위반된다.
3. 민법(1977.12.31. 법률 제3051호로 개정된 것) 제1112조 제1호부터 제3호 및 제1118조는 모두 헌법에 합치되지 아니한다. 위 조항들은 2025.12.31.을 시한으로 입법자가 개정할 때까지 계속 적용된다.
4. 민법(1977.12.31. 법률 제3051호로 개정된 것) 제1113조, 제1114조, 제1115조, 제1116조는 모두 헌법에 위반되지 아니한다.

1. 쟁점정리

(1) 제한되는 기본권

심판대상조항에 따른 유류분제도는 그 구체적 내용에 비추어 볼 때, 피상속인의 증여나 유증에 의한 자유로운 재산처분을 제한하고, 피상속인으로부터 증여나 유증을 받았다는 이유로 유류분반환청구의 상대방이 되는 자의 재산권을 역시 제한한다. 따라서 이하에서는 심판대상조항에 따른 유류분제도가 헌법상 재산권을 침해하여 헌법에 위반되는지 여부에 대하여 살펴본다.

(2) 심사기준

상속제도나 상속권의 내용은 입법자가 입법정책적으로 결정하여야 할 사항으로서 원칙적으로 입법자의 입법형성의 자유에 속한다고 할 것이지만, 입법자가 상속제도나 상속권의 내용을 정함에 있어서 입법형성권을 자의적으로 행사하여 헌법 제37조 제2항이 규정하는 기본권제한의 입법한계를 일탈하는 경우에는 그 법률조항은 헌법에 위반된다(헌재 2004.10.28. 2003헌가13 ; 헌재 2008.2.28. 2005헌바7 등 참조). 넓은 의미로 유류분은 상속인의 구체적 상속분을 산정하기 위한 하나의 절차라는 점에서 상속제도나 상속권의 한 내용으로 볼 수 있으므로, 유류분과 관련한 민법 조항의 위헌성 여부를 심사함에 있어 이러한 심사기준을 동일하게 적용하여 판단하여야 할 것이다.

2. 민법 제1112조, 제1113조, 제1114조, 제1115조, 제1116조, 제1118조에 따른 유류분제도의 입법목적의 정당성이 인정되는지 여부(적극)

유류분제도는 피상속인의 재산처분행위로부터 유족의 생존권을 보호하고, 법정상속분의 일정비율에 상당하는 부분을 유류분으로 산정하여 상속재산형성에 대한 기여, 상속재산에 대한 기대를 보장하려는 데에 그 취지가 있고, 가족의 연대가 종국적으로 단절되는 것을 저지하는 기능을 가지는바, 입법목적의 정당성이 인정된다.

3. 유류분상실사유를 별도로 규정하지 아니한 민법 제1112조 제1호부터 제3호 및 형제자매의 유류분을 규정한 민법 제1112조 제4호가 재산권을 침해하여 헌법에 위반되는지 여부(적극)

유류분권리자와 유류분을 개별적으로 적정하게 입법하는 것이 현실적으로 매우 어려운 점, 법원이 구체적 사정을 고려하여 정하도록 하는 것은 법원의 과도한 부담 등을 초래할 수 있는 점 등을 고려하면, 민법 제1112조가 유류분권리자와 유류분을 획일적으로 규정한 것이 매우 불합리하다고 단정하기 어렵다. 그러나 패륜적인 상속인의 유류분을 인정하는 것은 일반 국민의 법감정과 상식에 반한다고 할 것이므로, 민법 제1112조 제1호부터 제3호가 **유류분상실사유를 별도로 규정하지 아니한 것**은 불합리하고 기본권제한입법의 한계를 벗어나 헌법에 위반된다. 또한 상속재산형성에 대한 기여나 상속재산에 대한 기대 등이 거의 인정되지 않는 **피상속인의 형제자매에게까지 유류분을 인정하는** 민법 제1112조 제4호 역시 불합리하고 기본권제한입법의 한계를 벗어나 헌법에 위반된다.

4. 유류분은 피상속인의 상속개시시에 있어서 가진 재산의 가액에 증여재산의 가액을 가산하고 채무의 전액을 공제하여 이를 산정하도록 한 민법 제1113조, 증여는 상속개시전의 1년간에 행한 것에 한하여 유류분 산정 기초재산에 산입되는 증여의 범위에 포함시키는 민법 제1114조 전문이 재산권을 침해하여 헌법에 위반되는지 여부(소극)

민법 제1113조는 유류분권리자를 보호하는 한편, 공정하고 객관적인 유류분의 산정을 위한 것으로 수긍할 수 있고, 민법 제1114조 전문은 선의의 수증자를 보호하고 거래의 안전을 위한 것으로서 합리적이라 할 것이므로 위 조항들은 재산권을 침해하지 않는다.

5. 당사자 쌍방이 유류분권리자에 손해를 가할 것을 알고 증여(해의에 의한 증여)를 한 때에는 1년 전도 유류분 산정 기초재산에 산입되는 증여의 범위에 포함시키는 민법 제1114조 후문 및 공동상속인 중 특별수익자의 상속분에 관한 민법 제1008조를 준용하는 민법 제1118조 부분이 재산권을 침해하여 헌법에 위반되는지 여부(소극)

민법 제1114조 후문은 유류분권리자에 대한 해의로 증여가 이루어진 경우, 그 시기를 불문하고 유류분 산정 기초재산에 산입하도록 규정하여 유류분권리자를 두텁게 보호한다. 유류분 산정 기초재산에 포함되는 공동상속인의 증여재산은 민법 제1008조를 준용하여, 모든 증여재산을 포함하도록 한다. 민법 제1118조는 공동상속인들 사이의 공평을 기하기 위해 수증재산을 상속분의 선급으로 다루어 구체적인 상속분과 유류분을 산정한다. 이는 유류분권리자를 보호하고 관계 당사자들의 이해관계를 합리적으로 조정하기 위한 것으로, 재산권을 침해하지 않는다.

6. 유류분 부족분을 원물로 반환하도록 하고, 증여 및 유증을 받은 자가 수인인 경우 각자가 얻은 각각의 가액에 비례하여 반환하도록 하고 유증을 증여보다 먼저 반환하도록 한 민법 제1115조(유류분의 보전), 제1116조(반환의 순서)를 준용하도록 한 민법 제1118조 부분이 재산권을 침해하여 헌법에 위반되는지 여부(소극)

민법 제1115조 제1항은 피상속인의 증여 또는 유증으로 인하여 유류분권리자가 받은 상속재산이 자신의 유류분에 부족한 때에 그 부족한 한도에서만 유류분반환을 청구할 수 있도록 규정하고 있다. 이는 유류분을 침해하는 증여 또는 유증을 당연히 무효로 하지 않고, 단지 피상속인의 증여 또는 유증으로 인하여 유류분권리자가 유류분에 미치지 못하는 상속재산을 받게 된 때 비로소 그 부족분에 한하여 유류분반환을 청구할 수 있도록 함으로써 유류분권리자의 보호와 함께 상대방인 수증자(또는 수유자)와의 이해관계 및 거래의 안전을 모두 합리적으로 고려하고 있는 것이다.

민법 제1115조 제2항은 유류분의 반환시 유증 또는 증여를 받은 자가 수인인 경우 각자가 얻은 증여가액 또는 유증가액의 비례로 반환하도록 규정하여 수인의 유류분반환의무자 사이의 공평하고 합리적인 부담을 도모하고 있다.

민법 제1116조는 증여와 유증이 병존하는 경우 그 순서와 관련하여 유류분권리자가 유증을 먼저 반환받은 후 그것으로도 부족한 경우에 비로소 증여에 대하여 반환청구를 할 수 있도록 규정하고 있다. 이는 증여가 상속개시에 앞서 유증보다 먼저 효력이 발생한 것이므로 수증자의 신뢰보호의 필요성이 수유자보다 더 크다는 점을 고려하고, 유류분반환청구로부터 거래의 안전을 최대한 보호하기 위한 것이다.

7. 기여분에 관한 민법 제1008조의2를 유류분에 준용하는 규정을 두지 아니한 민법 제1118조가 재산권을 침해하여 헌법에 위반되는지 여부(적극)

기여분에 관한 민법 제1008조의2를 유류분에 준용하는 규정을 두고 있지 않은 민법 제1118조는, 피상속인을 오랜 기간 부양하거나 상속재산형성에 기여한 기여상속인이 기여의 대가로 받은 증여재산을 비기여상속인에게 반환하여야 하는 부당한 상황을 발생시키고, 기여상속인에게 보상을 하려고 한 피상속인의 의사를 부정하는 불합리한 결과를 초래하는 등 현저히 불합리하므로 기본권제한입법의 한계를 일탈하여 헌법에 위반된다.

8. 형제자매의 유류분을 규정한 민법 제1112조 제4호에 대하여 단순위헌을, 유류분상실사유를 별도로 규정하지 아니한 민법 제1112조 제1호부터 제3호와 기여분에 관한 제1008조의2를 유류분에 준용하는 규정을 두지 아니한 민법 제1118조에 대하여 계속적용 헌법불합치결정을 각 선고한 사례

형제자매의 유류분을 규정한 민법 제1112조 제4호는 위헌결정을 통하여 재산권에 대한 침해를 제거함으로써 합헌성이 회복될 수 있으므로 단순위헌을 선언한다. 하지만 민법 제1112조 제1호부터 제3호와 기여분에 관한 제1008조의2를 유류분에 준용하는 규정을 두지 아니한 민법 제1118조에 대하여 위헌결정을 선고하여 효력을 상실시키면, 법적 혼란이나 공백 등이 발생할 우려가 있으므로, 위 조항들에 대하여는 2025.12.31.까지 계속적용을 명하는 헌법불합치결정을 선고하기로 한다.

유류분 판례 요약

1. 유류분상실사유를 별도로 규정하지 않은 민법 제1112조(**헌법불합치결정**)가 패륜적인 상속인의 유류분을 인정하는 것은 일반 국민의 법감정과 상식에 반한다. 유류분상실사유를 규정하지 않은 것은 불합리하며, 기본권제한입법의 한계를 벗어나 헌법에 위반된다.

2. 피상속인의 형제자매를 유류분권리자로 규정한 부분(위헌결정)이 형제자매는 상속재산 형성에 대한 기여나 상속재산에 대한 기대가 거의 인정되지 않는다. 형제자매에게 유류분을 인정하는 것은 불합리하며, 기본권제한입법의 한계를 벗어나 헌법에 위반된다.

3. 피상속인의 직계비속, 배우자 및 직계존속의 유류분 규정 부분(헌법불합치결정)이 유류분권리자와 유류분을 획일적으로 규정한 것은 구체적인 사정을 반영하지 않아 불합리할 수 있다. 또한, 직계비속과 배우자를 동일하게 취급하는 것은 상속재산 형성에 대한 기여와 생존권 보호 필요성이 다른 점을 고려하지 않은 것으로, 입법 개선이 필요하다.

4. 유류분은 피상속인의 상속개시 시점에서 가진 재산에 증여재산을 가산하고 채무를 공제하여 산정하되 상속개시 전 1년간의 증여만 산입하고 유류분권리자에 손해를 가할 의도로 한 증여는 1년 전 것도 산입하도록 한 민법이 유류분 산정 기초재산에 산입되는 증여의 범위와 조건부 권리 등의 가격을 정하는 부분은 재산권 침해가 아니므로 헌법에 위반되지 않는다.

5. 유류분 부족분을 원물로 반환하도록 하고, 증여 및 유증을 받은 자가 수인인 경우 각자가 얻은 각각의 가액에 비례하여 반환하도록 하고 유증을 증여보다 먼저 반환하도록 한 민법 제1115조(유류분의 보전), 제1116조(반환의 순서)는 헌법에 위반되지 않는다.

6. 기여분에 관한 민법 제1008조의2를 유류분에 준용하는 규정을 두지 않은 민법 제1118조는, 피상속인을 오랜 기간 부양하거나 상속재산 형성에 기여한 기여상속인이 받은 증여재산을 비기여상속인에게 반환해야 하는 부당한 상황을 초래하고, 피상속인의 기여상속인에 대한 보상 의사를 부정하는 불합리한 결과를 발생시켜 기본권제한입법의 한계를 벗어나 헌법에 위반된다.

CASE 02	**살처분된 가축의 소유자가 축산계열화사업자인 경우에는 계약사육농가의 수급권 보호를 위하여 보상금을 계약사육농가에 지급한다고 규정한 '가축전염병 예방법' 제48조 제1항 제3호 단서가 축산계열화사업자의 재산권을 침해하는지 여부(적극) *헌법불합치결정**
	2024.5.30. 2021헌가3

가축의 살처분으로 인한 재산권 제약은 헌법 제23조 제3항에 따른 보상을 요하는 수용이 아니며, 사회적 제약의 범위에 속한다. 그러나 가혹한 부담이 발생하는 예외적인 경우에는 보상규정이 필요하다. 심판대상조항은 축산계열화사업자의 경제적 손실을 충분히 보상하지 않아 재산권을 침해하지만, 단순위헌결정은 불합리한 결과를 초래할 수 있다.

심판대상조항은 축산계열화사업자가 입은 경제적 손실을 충분히 보상하지 않아, 교섭력이 약한 계약사육농가의 보호를 넘어서는 개입으로 축산계열화사업자의 재산권을 침해한다. 살처분 보상금을 계약사육농가에게만 지급하는 방식은 축산계열화사업자의 부담을 완화하기에 적절하지 않다. 보상금을 축산계열화사업자와 계약사육농가에게 개인별로 지급하는 것은 입법기술상 가능하므로, 심판대상조항은 입법형성재량의 한계를 벗어나 재산권을 침해한다.

CASE 03	**기초생활수급자 또는 임대차보호법상 소액임차인의 청구권을 면책제외채권에 포함시키지 아니한 '채무자 회생 및 파산에 관한 법률' 제625조 제2항이 청구인의 재산권을 침해하는지 여부(소극)**
	2024.1.25. 2020헌마727

심판대상조항은 면책이 제한되는 청구권을 명확히 규정하고 있으며, 예외적으로 특정 채권을 면책 대상에서 제외할 수 있는 여지를 두지 않는다. 이는 변제의 합리성과 공평성을 유지하기 위해 불가피한 규율이다. 또한, 주택임대차보호법과 '채무자 회생 및 파산에 관한 법률'에 따른 소액임차인의 우선변제권 등을 고려할 때, 사회보장수급권자가 다른 사인에 대해 가지는 채권에 우선권을 부여하는 것은 사회보장수급권의 본질에 부합하지 않는다. 심판대상조항은 침해의 최소성을 충족하며, 면책된 개인회생채권이 소 제기 권능을 상실하지만, 보증인에 대한 권리에는 영향을 미치지 않으므로 공익이 사익보다 중대하다. 따라서 심판대상조항은 과잉금지원칙을 위반하지 않으며, 청구인의 재산권을 침해하지 않는다.

인가를 받은 리모델링주택조합이 리모델링 결의에 찬성하지 아니하는 자의 주택 및 토지에 대하여 매도청구를 할 수 있도록 하는 구 주택법 제22조 제2항이 과잉금지원칙에 위배되어 재산권을 침해하는지 여부(소극)

2024.5.30. 2020헌바472

심판대상조항은 리모델링사업이 원활하게 추진될 수 있도록 하여 건물의 노후화를 억제하거나 기능 향상 등을 통해 국민의 주거를 안정화시키기 위한 것이다. 주택법은 리모델링주택조합 설립인가를 받기 위한 구분소유자의 동의율을 엄격히 규정하고, 시장·군수·구청장이 관장하는 안전진단, 안전성 검토결과의 적정성에 대한 중앙건축위원회의 심의 요청 등 규정을 두어 무분별한 리모델링사업의 시행을 방지하고 있다. 리모델링주택조합이 설립되었다고 하여도 매도청구권을 행사하기 위해서는 리모델링 결의가 선행되어야 한다. 그 외에도 주택법은 매도청구권 행사 이전의 회답기간 및 행사시기를 엄격히 제한하고, 개발이익이 포함된 가격인 시가를 매매대금으로 명시하며, 일정한 경우 건물 명도에 대하여 적당한 기간을 허락할 수 있게 하여 상대방의 재산권이 침해될 가능성을 최소화하고 있는 점 등을 고려하면 심판대상조항은 과잉금지원칙에 위배되어 재산권을 침해한다고 할 수 없다.

주택임대 갱신 사건

2024.2.28. 2020헌마1343

1. 임차인이 계약갱신을 요구할 경우 임대인이 정당한 사유 없이 이를 거절하지 못하도록 한 주택임대차법 제6조의3 제1항, 제3항 본문, 갱신되는 임대차의 차임과 보증금 증액한도를 규정한 제6조의3 제3항 단서 중 제7조 제2항에 관한 부분, 임대인이 실제 거주를 이유로 갱신 거절 후 정당한 사유 없이 제3자에게 임대한 경우의 손해배상 책임 및 손해액을 규정한 제6조의3 제5항, 제6항이 과잉금지원칙에 반하는지 여부(소극)

   계약갱신요구 조항, 차임증액한도 조항, 손해배상 조항은 임차인의 주거안정을 보장하기 위한 것으로 입법목적의 정당성과 수단의 적합성이 인정된다. 갱신요구권의 행사 기간 및 횟수가 제한되며, 차임증액 한도도 설정되어 있어 피해최소성 원칙에도 부합한다. 임차인의 주거안정이라는 공익이 임대인의 계약의 자유와 재산권 제한보다 크므로 법익 균형성도 인정된다.

2. 개정 법률 시행 당시 존속 중인 임대차에도 개정 조항을 적용하도록 한 주택임대차법 부칙제2조가 신뢰보호원칙에 위반되는지 여부(소극)

   개정 법률 시행 당시 존속 중인 임대차에도 개정 조항을 적용하도록 한 부칙조항은 신뢰보호원칙에 위배되지 않는다. 계약갱신요구권 도입에 대해 예측 가능성이 있었고, 임차인의 주거안정 보장이라는 공익이 임대인의 신뢰이익보다 크기 때문이다.

12 직업의 자유

법정 중개보수

1. **법정 중개보수 한도를 하위법령에 위임한 공인중개사법 제32조 제4항 중 중개보수에 관한 부분이 포괄위임금지 원칙을 위반하여 청구인의 직업수행의 자유를 침해하는지 여부(소극)**

   중개보수 위임조항은 경제사정 및 시장상황에 따라 보수를 적절히 현실화하기 위하여 하위법령에 위임한 것으로, 일반적 거래관행에 비추어 볼 때 하위법령에 규정될 내용이 중개대상물의 거래금액에 따른 일정 비율에 의하여 보수를 정하는 것이고, 이에 따라 필요한 경우 그 기준을 중심으로 상하한을 구체적으로 정하게 될 것임을 예측할 수 있다. 따라서 중개보수 위임조항은 포괄위임금지원칙에 위반되어 청구인의 직업수행의 자유를 침해하지 않는다.

2. **개업공인중개사로 하여금 법정 중개보수를 초과하여 금품을 받는 행위를 금지한 공인중개사법이 과잉금지원칙 이나 책임과 형벌 간의 비례원칙을 위반하여 청구인의 직업수행의 자유를 침해하는지 여부(소극)**

   부동산중개업은 국민 경제에 미치는 영향이 크고 업무가 정형화되어 있어 중개보수를 어느 정도 일률적으로 정하는 것이 필요하고 가능하다. 시행규칙조항이 정한 중개보수 상한요율이 현저히 자의적이거나 낮다고 볼 사정이 없고, 형사처벌조항의 법정형이 지나치게 가혹하거나 형벌체계상 현저히 균형을 잃은 것이라고 보기도 어렵다. 따라서 중개보수 한도조항 및 형사처벌조항은 과잉금지원칙이나 책임과 형벌 간의 비례원칙에 위배되어 청구인의 직업수행의 자유를 침해하지 않는다.

3. **중개보수 한도조항이 개업공인중개사와 변호사 등 다른 전문자격사를 합리적인 이유 없이 차별취급하여 청구인 의 평등권을 침해하는지 여부(소극)**

   부동산 중개업무는 국민경제에 미치는 영향, 업무형태 등에서 다른 전문자격사의 업무와 차이가 있으므로, 중개보수 한도 조항이 개업공인중개사를 변호사, 법무사, 감정평가사 등과 달리 취급하는 것은 청구인의 평등권을 침해하지 않는다.

시내버스운송사업자가 사업계획 가운데 운행대수 또는 운행횟수를 증감하려는 때에는 국토교통부장관 또는 시·도지사의 인가를 받거나 신고하도록 하고 이를 위반한 경우 처벌하는 '여객자동차 운수사업법'

2024.1.25. 2020헌마1144

1. 시내버스운송사업자가 사업계획 가운데 운행대수 또는 운행횟수를 증감하려는 때에는 국토교통부장관 또는 시·도지사의 인가를 받거나 신고하도록 하고 이를 위반한 경우 처벌하는 '여객자동차 운수사업법'이 죄형법정주의의 명확성원칙에 위반되는지 여부(소극)

여객자동차법 제4조, 제5조 등을 살펴보면, 이 사건 법률조항이 규정한 '사업계획'은 시내버스운송사업의 경영과 관련된 계획으로서 면허 취득의 바탕이 된 사업계획서의 기재사항 및 그에 준하는 사항에 해당하고, 사업계획의 '변경'은 시내버스 운송사업자가 면허 취득의 바탕이 된 사업계획서의 기재사항 및 그에 준하는 사항을 다르게 바꾸고자 하는 행위를 의미함을 충분히 알 수 있다.

이 사건 법률조항은 관련 운송사업자 간의 과도한 경쟁 방지 외에도 일반 공중의 교통편의성, 원활한 운송체계 확보 또한 그 입법목적으로 하는바, 시내버스운송사업자가 면허 취득의 바탕이 된 사업계획에서 정한 '일간' 운행대수, 운행횟수대로 운행하지 아니하고 정해진 사업계획과 달리 운행하는 경우가 이 사건 법률조항에서 정한 사업계획 변경행위에 해당함을 충분히 알 수 있다.

따라서 이 사건 법률조항은 죄형법정주의의 명확성원칙에 위반되지 아니한다.

2. 시내버스운송사업자가 사업계획 가운데 운행대수 또는 운행횟수를 증감하려는 때에는 국토교통부장관 또는 시·도지사의 인가를 받거나 신고하도록 하고 이를 위반한 경우 처벌하는 '여객자동차 운수사업법'이 과잉금지원칙에 위배되어 시내버스운송사업자의 직업수행의 자유를 침해하는지 여부(소극)

노선을 정하여 여객을 운송하는 시내버스운송사업에서 사업계획 가운데 운행대수 또는 운행횟수의 증감에 관한 사항은 시내버스의 운행거리, 배차간격, 배차시간 등에 영향을 미치는 것으로서, 원활한 운송체계를 확보하고 일반 공중의 교통편의성을 제공하기 위하여 관할관청이 파악해야 하는 필수적인 사항에 해당하고, 이에 이 사건 법률조항은 시내버스운송사업자가 운행대수 또는 운행횟수를 증감하려면 원칙적으로 관할관청으로부터 변경인가를 받도록 하면서도, 국토교통부령이 정하는 경미한 사항의 변경은 관할관청에 대한 신고만으로 사업계획을 변경할 수 있도록 정하고 있는바, 이 사건 법률조항은 직업수행의 자유를 침해하지 아니한다.

3. 이 사건 법률조항이 평등원칙에 위배되는지 여부(소극)

시내버스운송사업은 내항여객운송사업, 도시철도운송사업에 비하여 사업자의 수, 이용자의 수 등이 많고, 도로라는 제한된 자원을 효율적으로 배분할 필요가 있으므로, 관할관청이 관련 운송사업자 간의 과도한 경쟁을 방지하고 적절한 여객운송서비스가 공급될 수 있도록 시내버스운송사업자의 사업계획 가운데 운행대수 및 운행횟수를 관리·감독할 필요성이 더욱 크다고 할 것인바, 이 사건 법률조항이 시내버스운송사업자를 내항여객운송사업자, 도시철도운송사업자와 달리 취급하는 것에는 합리적인 이유가 있으므로, 이 사건 법률조항은 평등원칙에 위배되지 아니한다.

CASE 03

생활폐기물 수집·운반 대행계약과 관련하여 뇌물공여, 사기 등 범죄를 범하여 일정한 형을 선고받은 자를 3년간 대행계약 대상에서 제외하도록 규정한 폐기물관리법

2023.12.21. 2020헌바189

1. 심사기준

헌법 제15조에 의하여 보장되는 직업선택의 자유는 자신이 원하는 직업을 자유롭게 선택하는 좁은 의미의 직업선택의 자유와 그가 선택한 직업을 자기가 원하는 방식으로 자유롭게 수행할 수 있는 직업수행의 자유를 포함하는 직업의 자유를 뜻한다. 그런데 직업수행의 자유가 보장된다 하더라도 헌법 제37조 제2항에 따라 국가안전보장·질서유지 또는 공공복리를 위하여 불가피한 경우에는 이를 제한할 수 있고, 이 경우 **직업선택의 자유에 비하여 상대적으로 폭넓은 입법적 규제가 가능하다. 물론 이러한 경우 그 수단은 목적달성에 적절한 것이어야 하고, 또한 필요한 정도를 넘는 지나친 것이어서는 아니된다.**

2. 과잉금지원칙 위반 여부

심판대상조항은 생활폐기물 수집·운반 업무의 공정성과 적정성을 확보하고, 대행계약의 성실한 이행을 담보하며, 독과점 및 지방자치단체와의 유착 문제를 해소하기 위한 것이다. 뇌물공여죄 등으로 벌금 이상의 형을 선고받은 경우 3년간 계약대상에서 제외하는 것은 입법목적 달성에 적합하다. 이는 생활폐기물 수집·운반 업무의 공공성과 지방자치단체 예산 사용을 고려할 때 과도한 제재가 아니며, 최소성원칙에도 반하지 않는다. 계약대상 제외는 3년간 한시적으로 적용되어 법익의 균형성 요건을 충족한다. 따라서 심판대상조항은 과잉금지원칙에 위배되어 청구인의 직업수행의 자유를 침해한다고 볼 수 없다.

CASE 04

정비구역에서 지역주택조합의 조합원 모집을 금지하고 이를 위반한 자는 1년 이하의 징역 또는 1천만원 이하의 벌금에 처하도록 하는 '도시 및 주거환경정비법'

2024.1.25. 2020헌바370

심판대상조항은 정비구역에서 지역주택조합의 조합원 모집을 금지하고 이를 위반한 자를 처벌하는 것으로, 정비사업의 원활한 진행과 잠재적 가입 신청자의 경제적 손해를 방지하기 위한 적합한 수단이다. 정비사업은 공공성이 강한 사업으로, 지역주택조합사업의 진행 상황과 무관하게 조합원 모집을 금지하는 것이 불가피하다. 조합원을 모집하려는 자는 정비구역 지정 가능성을 예측할 수 있으며, 이로 인한 불이익은 정비사업의 공익적 목적에 비해 중요하지 않다. 따라서 심판대상조항은 과잉금지원칙에 위반되지 않으며, 조합원을 모집하려는 자 등의 일반적 행동자유권 및 직업수행의 자유를 침해하지 않는다.

시장 · 군수 · 구청장이 지방자치단체의 조례로 정하는 바에 따라 일정한 구역을 지정 · 고시하여 가축의 사육을 제한할 수 있도록 한 '가축분뇨의 관리 및 이용에 관한 법률' 제8조 제1항

2023.12.21. 2020헌바374

1. 포괄위임금지원칙에 위배되는지 여부(소극)

헌법 제117조 제1항은 지방자치단체의 조례제정권을 보장하며, 지방자치법은 개별 법률의 위임이 있으면 조례로 주민의 권리를 제한하거나 의무를 부과할 수 있다고 규정한다. 조례에 대한 법률의 위임은 구체적 범위를 정할 필요 없이 포괄적이어도 충분하다. 가축사육 제한은 환경오염 방지를 위해 각 지방자치단체가 지역 실정에 맞게 규율할 필요가 있으며, 심판대상조항은 가축사육 제한이 가능한 지역의 한계를 설정하고 있다. 따라서 심판대상조항은 포괄위임금지원칙에 위배되지 않는다.

2. 심판대상조항이 과잉금지원칙에 위배되는지 여부(소극)

심판대상조항은 가축사육으로 인한 환경오염물질과 악취로부터 지역주민의 생활환경과 상수원의 수질을 보호하기 위한 것으로 입법목적이 정당하다. 지방자치단체가 특정 구역에서 가축사육을 제한할 수 있도록 하여 오염물질 배출과 악취 발생을 사전에 방지하는 수단의 적합성도 인정된다. 현재 오염물질 배출을 완전히 차단할 수 있는 기술적 조치가 부족하므로 가축사육 제한의 필요성이 있다. 가축사육으로 인한 오염은 장소적 특성과 관련성이 크기 때문에 장소에 따라 제한을 허용하는 것은 부득이하다. 축산업 종사자들이 일정 지역 내에서 가축사육 제한을 받더라도, 국민의 생활환경 및 자연환경 보호라는 공익이 더 중대하므로 심판대상조항은 과잉금지원칙에 위배되지 않는다.

'복합유통게임제공업'을 교육환경보호구역에서 금지되는 행위 및 시설로 규정한 '교육환경 보호에 관한 법률'

2024.1.25. 2021헌바231

상대보호구역 설정조항과 금지조항은 학생들이 건강하고 쾌적한 환경에서 교육받을 수 있도록 학교 주변 일정 지역을 교육환경보호구역으로 설정하고, 그 구역 안에서 청소년 유해업소인 '복합유통게임제공업'을 금지하는 것을 목적으로 한다. 상대보호구역 안에서도 지역위원회의 심의를 거쳐 학습과 교육환경에 나쁜 영향을 주지 않는 행위 및 시설은 허용될 수 있다. 따라서 이 조항으로 인해 교육환경보호구역 내 토지나 건물의 임차인이나 '복합유통게임제공업'을 영위하고자 하는 사람의 직업수행의 자유 및 재산권 제한은 과도하지 않으며, 과잉금지원칙을 위반하여 직업수행의 자유 및 재산권을 침해하지 않는다.

CASE 07	하도급거래 공정화에 관한 법률 제2조 제2항의 원사업자에 외국사업자가 포함되지 않아 하도급법의 적용대상에 해당하지 아니한다는 이유로 피청구인(공정거래위원회)이 한 심사절차종료결정 *기각　　2024.1.25. 2022헌마430

하도급법은 원사업자로서 '중소기업자 중 직전 사업연도의 연간매출액이 제조 등의 위탁을 받은 다른 중소기업자의 연간매출액보다 많은 중소기업자'를 규정하며, 이는 국내 중소기업을 의미하므로 외국사업자는 포함되지 않는다. 또한, '중소기업자가 아닌 사업자로서 중소기업자에게 제조 등의 위탁을 한 자'를 원사업자로 규정하지만, 외국사업자를 무조건 포함시키면 불합리한 상황이 발생할 수 있다. 하도급법 제2조 제2항의 원사업자에 외국사업자가 포함되지 않더라도, 거래상 지위남용이 발생하면 '독점규제 및 공정거래에 관한 법률'에 의해 보호받을 수 있으므로, 하도급법 적용에서 제외된다고 해서 불공정하거나 불합리한 결과가 초래된다고 보기 어렵다. 따라서 하도급법 제2조 제2항의 원사업자에 외국사업자가 포함되지 않는다.

CASE 08	대학·산업대학의 간호학과나 전문대학의 간호과 재학 중 일정한 교직학점을 취득한 경우에만 보건교사가 될 수 있도록 한 초·중등교육법 제21조 제2항 별표 2 중 '보건교사(2급)'에 관한 부분이 과잉금지원칙에 위반되어 직업선택의 자유를 침해하는지 여부(소극)　　2024.3.28. 2020헌마915

심판대상조항은 보건교사가 될 자격요건으로 대학 또는 전문대학의 간호학과 재학 중 일정한 교직학점을 취득하도록 규정하여 교사로서의 전문성을 확보하려는 것이다. 교육대학원 등을 통한 보건교사 양성과정을 두지 않는 것은 학생 수 대비 적정한 보건교사 수를 유지해 보건교육의 질을 보장하기 위한 것이다. 보건교사는 의료인력으로서뿐만 아니라 학생과 소통하는 교사로서의 역할도 수행하므로 이러한 자격요건이 과도하지 않다. 보건교사 양성기관을 확대하지 않은 것은 교사의 전문성, 수요와 공급, 교원양성기관의 특수성 등을 고려한 입법자의 판단이며, 이는 잘못된 결정이라 보기 어렵다. 따라서 심판대상조항은 과잉금지원칙에 위배되지 않으며, 청구인의 직업선택의 자유를 침해하지 않는다.

CASE 09

국민권익위원회 심사보호국 소속 5급 이하 7급 이상의 일반직공무원으로 하여금 퇴직일부터 3년간 취업심사대상기관에 취업할 수 없도록 한 공직자윤리법

2024.3.28. 2020헌마1527

국민권익위원회 심사보호국은 부패관련 각종 신고를 직접 접수, 분류하고 처리하는 부서로서 업무의 공정성과 투명성을 확보하기 위하여서는 소속 공무원들의 재취업을 일정 기간 제한할 필요가 있다. 심판대상조항은 국민권익위원회 소속 공무원이라 하더라도 관할 공직자윤리위원회로부터 퇴직 전 5년 동안 소속되었던 부서의 업무와 취업심사대상기관 간에 밀접한 관련성이 없다는 확인을 받거나 취업승인을 받은 때에는 예외적으로 취업이 가능하도록 규정하고 있는데, 취업을 원칙적으로 제한하지 아니하고 사후심사를 통하여 취업을 제한하거나 특정 이해충돌 행위만을 금지하여서는, 공직자가 재직 중 취업예정기관에 특혜를 부여하거나 퇴직 이후에 재직했던 부서에 부당한 영향력을 행사할 가능성을 방지하기 어렵다. 따라서 심판대상조항은 과잉금지원칙에 위배되어 청구인의 직업선택의 자유를 침해하지 않는다.

CASE 10

누구든지 국토교통부장관, 사업시행자등, 항행안전시설설치자등 또는 이착륙장을 설치ㆍ관리하는 자(국토교통부장관등)의 승인 없이 해당 시설에서 영업행위를 하여서는 아니 된다고 규정하고 있는 공항시설법 제56조 제6항 제1호와 그 위반행위를 제지하거나 퇴거를 명할 수 있도록 한 구 공항시설법 제56조 제7항이 과잉금지원칙에 위배되어 직업수행의 자유를 침해하는지 여부(소극)

2024.4.25. 2021헌바112

심판대상조항은 국가의 중요 교통시설인 공항에서의 공공질서와 안전을 확보하고, 공항시설등을 효율적으로 운영ㆍ관리하며, 무분별한 영업행위를 근절하여 공항 이용객을 보호하기 위한 조항으로 그 목적이 정당하다. 또한 이 사건 금지조항은 영업행위를 전면 금지하는 대신 일정한 절차를 거쳐 승인을 받은 경우에는 영업행위를 할 수 있도록 규정하고 있고, 이 사건 금지조항의 위반만으로 바로 형사처벌의 구성요건이 충족되는 것이 아니며, 이 사건 단속조항에 의한 명령을 따르지 않는 경우에 비로소 이 사건 처벌조항이 적용된다. 이러한 점을 고려하면 심판대상조항에 의한 직업수행의 자유 제한이 입법목적을 달성하기 위하여 필요한 정도를 넘어 과도한 것이라 할 수 없으므로, 심판대상조항은 과잉금지원칙에 위배되어 직업수행의 자유를 침해하지 아니한다.

음주측정거부 전력이 있는 자가 음주운전을 한 경우 운전면허를 필요적으로 취소하도록 규정한 도로교통법 제93조 제1항이 과잉금지원칙에 위배되어 직업의 자유 및 일반적 행동자유권을 침해하는지 여부(소극)

2024.5.30. 2022헌바256

심판대상조항은 국민의 생명, 신체 및 재산을 보호하고 도로교통 안전을 확보하기 위한 것이다. 입법자는 반복적인 음주운전을 교정하기 위해 필요적 면허취소라는 수단을 선택하였고, 음주측정거부를 무겁게 제재할 필요성이 인정된다. 형사제재와 행정제재의 차이를 고려할 때, 과거 음주측정거부 전력이나 음주운전 위반행위의 경중을 개별적으로 고려하지 않는다고 하여 지나치다고 보기는 어렵다. 따라서 심판대상조항은 과잉금지원칙에 위배되어 직업의 자유 및 일반적 행동자유권을 침해하지 않는다.

고체 형태의 세안용 비누를 수입·판매하려는 청구인에게 화장품책임판매업 등록을 하도록 하면서, 책임판매관리자를 의무적으로 두도록 요구하는 화장품법 제3조 제3항 중 '고형세안비누를 취급하는 화장품책임판매업자'에 관한 부분이 청구인의 직업선택의 자유를 침해하는지 여부(소극)

2024.5.30. 2021헌마291

심판대상조항은 국민보건 향상과 국민들이 안심하고 화장품을 사용할 수 있도록 하기 위한 것이다. 고형세안비누는 피부에 매일 직접 작용하는 제품이므로, 식품의약품안전처에서 화장품으로 관리하는 것이 필요하다. 일반 화장품책임판매업자는 '비누공방'과 같은 소규모 업체와 비교하여 소비층의 규모와 특성에서 차이가 있으므로, 동일한 규율 효과를 기대하기 어렵다. 또한 직접 화장품을 수입·판매하는 영업은 화장품을 알선·수여하는 영업과 형태와 규모가 다르므로, 화장품책임판매업자에게 책임판매관리자의 요건을 완화하는 규율 방식을 적용하기는 어렵다. 따라서 심판대상조항은 과잉한 규제가 아니며, 청구인의 직업선택의 자유를 침해하지 않는다.

<table>
<tr>
<td>**CASE 13**</td>
<td>보존과학업 등록 요건으로 보존과학기술자 1명 이상의 기술능력을 갖추도록 하는 '문화재수리 등에 관한 법률 시행령' 조항이 과잉금지원칙에 위반되어 보존과학업을 영위하고자 하는 청구인들의 직업선택의 자유를 침해하는지 여부(소극)

2024.5.30. 2022헌마194</td>
</tr>
</table>

문화재수리는 수리금액이 소액이고 사업규모가 영세하여, 수리업자의 전문성과 시공능력이 부족하면 수리품질이 저하될 우려가 있다. 보존과학기술자는 보존과학업무에 대한 기본적인 전문성을 갖추고 있으므로, 보존과학업 등록을 위해 보존과학기술자 1명 이상을 요구하는 것은 필요하다. 문화재수리기술자와 문화재수리기능자는 권한과 책임, 업무 성격이 다르므로, 기능자만으로 기술능력 요건을 충족하는 것은 입법 목적을 달성하기 어렵다. 따라서 기술능력 요건 조항은 과잉금지원칙에 위배되지 않아 직업선택의 자유를 침해하지 않는다.

<table>
<tr>
<td>**CASE 14**</td>
<td>공인중개사법을 위반하여 300만원 이상의 벌금형을 받고 3년이 지나지 아니한 자가 임원으로 있는 중개법인의 등록을 필요적으로 취소하도록 규정한 공인중개사법 제38조 제1항 제3호 가운데 제10조 제1항 제12호 중 '제11호에 해당하는 임원이 있는 법인'에 관한 부분이 과잉금지원칙에 위반되어 중개법인의 직업의 자유를 침해하는지 여부(소극)

2024.2.28. 2022헌바109</td>
</tr>
</table>

심판대상조항은 부동산중개업의 전문성과 공정성을 확보하여 국민적 신뢰를 얻기 위한 정당한 목적을 가지고 있으며, 수단의 적합성도 인정된다. 부동산 거래가 국가경제와 사회질서에 미치는 영향을 고려할 때, 공정한 공인중개업무 수행과 신뢰 확보의 필요성이 크다. 벌금형 300만원 이상을 선고받은 경우 등록취소 여부를 재차 고려할 필요성이 적으며, 중개법인은 결격사유 발생시 임원을 개임하여 등록 취소를 피할 수 있다. 따라서 심판대상조항은 과잉금지원칙을 위반하지 않아 중개법인의 직업의 자유를 침해하지 않는다.

주 52시간 상한을 규정한 근로기준법

1. 쟁점

주 52시간 상한제조항이 본안 청구인들의 계약의 자유와 청구인 이◇◇의 직업의 자유를 침해하는지 여부가 문제된다. 주 52시간 상한제조항으로 인해 연장근로시간이 제한되어 사업주와 근로자가 각각 임금 증가, 임금 감소 등의 불이익을 겪을 수 있지만, 이는 단순한 영리 기회의 제한으로 재산권 침해문제가 아니다. 근로의 권리에는 '일할 환경에 관한 권리'가 포함되나, 이는 근로자 보호를 위한 것이므로 사용자와 근로자가 추가 연장근로를 할 수 없도록 금지하는 것은 근로의 권리 침해는 문제되지 않는다. 또한, 주 52시간 상한제조항 자체가 청구인들의 신체의 자유를 제한하는 것은 아니다.

2. 상시 5명 이상 근로자를 사용하는 사업주인 청구인의 계약의 자유와 직업의 자유, 근로자인 청구인들의 계약의 자유를 침해하는지 여부(소극)

주 52시간 상한제조항은 법정근로시간 외 근로를 연장근로로 일원화하여 실근로시간을 단축시키려는 목적을 가진다. 입법 자는 장시간 노동 문제가 구조화된 것을 감안하여, 사용자와 근로자의 합의로 주 52시간 상한을 초과할 수 없도록 정한 것이 합리성을 결여했다고 볼 수 없다. 중소기업과 영세사업자를 위한 유예기간 및 특례, 각종 지원 정책 등을 마련했고, 근로자의 휴식을 보장하는 것을 중요시하여 왜곡된 노동 관행을 개선하려 했다. 이러한 입법자의 판단이 합리성을 결여했 다고 볼 수 없으므로 주 52시간 상한제조항은 과잉금지원칙에 반하여 상시 5명 이상 근로자를 사용하는 사업주인 청구인의 계약의 자유와 직업의 자유, 근로자인 청구인들의 계약의 자유를 침해하지 않는다.

13 정당제도

CASE 01

대체복무요원의 정당가입을 금지하는 구 대체역법 제24조 제2항 본문 제2호 중 '정당에 가입하는 행위'에 관한 부분이 청구인의 정당가입의 자유를 침해하는지 여부(소극)

2024.5.30. 2022헌마1146

정당가입금지조항은 대체복무요원의 정당가입을 금지함으로써 대체복무요원의 정치적 중립성을 유지하며 업무전념성을 보장하고자 하는 것이다. 정당은 개인적 정치활동과 달리 국민의 정치적 의사형성에 미치는 영향력이 크고, 정당 관련 표현행위는 직무 내외를 구분하기 어려우므로 '직무와 관련된 표현행위만을 규제'하는 등 기본권을 최소한도로 제한하는 대안을 상정하기 어렵다. 따라서 정당가입금지조항은 과잉금지원칙에 위배되어 청구인의 정당가입의 자유를 침해하지 아니한다.

14 참정권과 선거제도

CASE 01 지방공사 상근직원의 선거운동을 금지하고, 이를 위반한 자를 처벌하는 구 공직선거법이 지방공사 상근직원의 선거운동의 자유를 침해하는지 여부(적극)

2024.1.25. 2021헌가14

1. 제한되는 기본권

심판대상조항은 지방공사 상근직원에 대하여 공직선거와 관련한 선거운동을 원칙적으로 금지하고 이에 위반한 행위를 처벌함으로써 지방공사 상근직원의 선거운동의 자유를 제한한다.

2. 선거운동의 의의와 선거운동의 자유

선거운동이란 특정 후보자의 당선 또는 낙선을 목적으로 하는 행위를 의미하며(공직선거법 제58조 제1항 본문), 이는 헌법이 보장하는 언론·출판·집회·결사의 자유에 의해 보호된다. 선거권의 올바른 행사에는 후보자에 대한 정보 교환이 필수적이므로, 선거운동의 자유는 선거권 행사의 전제이자 중요한 내용으로 보호된다. 그러나 이 자유는 무제한일 수 없으며, 선거의 공정성을 위해 주체, 기간, 방법 등에 대한 규제가 필요하다. 선거운동은 국민주권 행사이자 정치적 표현의 자유의 한 형태로서 민주사회의 중요한 요소이므로, 그 제한입법의 위헌 여부는 엄격한 심사기준이 적용되어야 한다.

3. 과잉금지원칙 위반 여부

심판대상조항은 지방공사 상근직원의 선거운동을 금지해 선거의 공정성을 확보하려는 목적으로 입법되었으며, 이는 정당한 목적과 적합한 수단을 갖추었다. 그러나 지방공사 상근직원의 선거운동이 일반 사기업 직원보다 큰 부작용을 초래한다고 보기 어렵고, 공직선거법은 이미 직무상 행위를 이용한 선거운동을 금지하고 있다. 따라서 지방공사 상근직원에게 선거운동을 금지하는 것은 과도하며, 선거운동 제한 주체의 범위를 최소화하거나 '지위를 이용한' 선거운동만 금지하는 방법으로도 목적을 달성할 수 있다. 심판대상조항은 침해의 최소성을 충족하지 못해 과잉금지원칙을 위반하여 선거운동의 자유를 침해한다.

누구든지 종교적인 기관·단체 등의 조직 내에서의 직무상 행위를 이용하여 그 구성원에 대하여 선거운동을 하거나 하게 할 수 없도록 한 공직선거법 제85조 제3항이 과잉금지원칙에 위배되어 정치적 표현의 자유를 침해하는지 여부(소극)

2024.1.25. 2021헌바233

직무이용 제한조항은 선거의 공정성을 확보하기 위한 입법목적으로, 종교단체 내에서 직무상 행위를 하는 사람이 특정 후보나 정당을 지지·반대하는 경우, 구성원이 왜곡된 정치적 의사를 형성할 가능성을 방지하려는 것이다. 종교단체의 특성과 성직자의 영향력을 고려할 때, 정치적 표현의 자유가 제한되더라도 선거의 공정성을 확보하고 종교단체의 본연의 기능을 유지하며 정치와 종교의 부당한 결합을 방지하는 공익이 더 크다. 따라서 직무이용 제한조항은 과잉금지원칙을 위반하지 않아 정치적 표현의 자유를 침해하지 않는다.

CASE 03 공직선거법상 허위사실공표죄 및 후보자비방죄에 관한 사건

2024.6.27. 2023헌바78

[심판대상조항]

공직선거법(1997.1.13. 법률 제5262호로 개정된 것)

제251조 【후보자비방죄】② 당선되지 못하게 할 목적으로 연설·방송·신문·통신·잡지·벽보·선전문서 기타의 방법으로 후보자(참고로, 제250조 제1항에서, '후보자'는 '후보자가 되고자 하는 자를 포함한다'고 정하고 이하 제250조에서 같다고 규정하고 있다. 이 사건은 '후보자가 되고자 하는 자'에 관한 것이다)

공직선거법(1994.3.16. 법률 제4739호로 제정된 것)

제251조 【후보자비방죄】 당선되거나 되게 하거나 되지 못하게 할 목적으로 연설·방송·신문·통신·잡지·벽보·선전문서 기타의 방법으로 공연히 사실을 적시하여 후보자(후보자가 되고자 하는 자를 포함한다), 그의 배우자 또는 직계존·비속이나 형제자매를 비방한 자는 3년 이하의 징역 또는 500만 원 이하의 벌금에 처한다. 다만, 진실한 사실로서 공공의 이익에 관한 때에는 처벌하지 아니한다.

1. 후보자에 대한 허위사실공표금지한 공직선거법 제250조 제2항: 합헌

당선될 목적으로 기타의 방법으로 후보자에게 유리하도록 후보자의 행위에 관하여 허위의 사실을 공표한 자에 관한 부분이 죄형법정주의의 명확성원칙에 위배되지 않는다. 이 사건 허위사실공표금지조항이 과잉금지원칙에 위배되어 정치적 표현의 자유를 침해하지 않는다고 결정하였다. 이 사건에서 선례와 달리 판단해야 할 사정의 변경이나 필요성이 인정된다고 볼 수 없다. 따라서 이 사건 허위사실공표금지조항은 과잉금지원칙에 위배되어 정치적 표현의 자유를 침해하지 않는다.

2. 후보자 비방을 금지한 공직선거법 제251조: 위헌결정

(1) 죄형법정주의의 명확성원칙 위배 여부

헌법재판소는 헌재 2010.11.25. 2010헌바53 결정에서, 공직선거법(1994.3.16. 법률 제4739호로 제정된 것) 제251조 중 '후보자'에 관한 부분에서 '비방' 부분은 그 의미가 애매모호하거나 불분명하다고 할 수 없으므로 죄형법정주의의 명확성원칙에 위배되지 않는다고 결정하였다. 따라서 이 사건 비방금지조항은 죄형법정주의의 명확성원칙에 위배되지 아니한다.

(2) 정치적 표현의 자유 침해 여부

(가) 심사기준

선거운동 등에 대한 제한이 정치적 표현의 자유를 침해하는지 여부를 판단함에 있어서는 표현의 자유의 규제에 관한 판단기준으로서 엄격한 심사기준을 적용하여야 한다.

(나) 과잉금지원칙 위반 여부

이 사건 비방금지조항은 후보자가 되고자 하는 자의 인격과 명예를 보호하고 선거의 공정성을 보장하기 위한 것으로 목적의 정당성과 수단의 적합성은 인정된다. 정치적 표현의 자유는 민주주의의 핵심적 기본권으로 최대한 보장되어야 하며, 이에 대한 제한은 최소한으로 이루어져야 한다. 공직선거법 제110조 제1항은 사생활 비방만을 금지하고 있으나, 비방금지조항은 허위 여부와 관계없이 모든 사실을 비방 대상으로 규정하여 후보자 간 고소·고발을 남발시켜 선거를 혼탁하게 하고 유권자들이 후보자의 자질을 판단할 기회를 제한할 수 있다. 비방금지조항의 단서조항은 진실한 사실에 대해 공공의 이익에 관한 것일 때 처벌하지 않도록 규정하지만, 공직후보자는 공적 인물로서 진실한 사실의 공익성을 따질 필요가 낮고, 이는 표현의 자유를 위축시킬 수 있다. 따라서 비방금지조항은 침해의 최소성을 충족하지 못하며, 과도한 제한으로 인해 선거의 공정성을 해치고 표현의 자유를 침해한다.

15 재판청구권

CASE 01	면책허가결정을 공고한 경우 송달을 하지 아니할 수 있고, 즉시항고기간은 공고가 있은 날로부터 14일로 정하고 있는 '채무자 회생 및 파산에 관한 법률' 제564조 제3항 및 제13조 제2항 중 '제564조 제3항의 공고가 있은 날'에 관한 부분이 청구인의 재판청구권을 침해하는지 여부(소극)
	2024.1.25. 2021헌바17

파산제도는 다수의 이해관계인이 관여함을 전제로 하므로, 관련자들 사이에 분쟁을 최소화하고 공평을 기하기 위하여 면책허가결정의 이해관계인들에게 공고로써 그 내용을 고지하도록 하고 있다. 또한 송달시기에 따라 다수의 이해관계인의 불복가능 시기가 달라져 법률관계의 혼란을 초래하는 것을 방지하기 위하여, 면책허가결정에 대한 즉시항고기간은 공고일로부터 기산하도록 하고 있다. 나아가 위와 같은 신속한 절차 진행으로 인해 파산채권자 등 이해관계인의 절차참여권이 침해되지 않도록 하기 위한 제도적 장치 또한 마련되어 있다. 따라서 심판대상조항들의 규율은 입법형성권의 합리적인 범위 내에 있다고 할 것이므로, 청구인의 재판청구권을 침해한다고 볼 수 없다.

CASE 02	상속회복청구권은 상속권의 침해를 안 날 3년 침해행위가 있은 날부터 10년을 경과하면 소멸된다고 규정한 민법 제999조 *위헌결정
	2024.6.27. 2021헌마1588

심판대상조항은 상속개시 후 인지 또는 재판확정에 의하여 공동상속인이 된 자가 상속분가액지급청구권을 행사할 경우 그 기간을 '상속권의 침해행위가 있은 날부터 10년'으로 한정하고 그 후에는 상속분가액지급청구의 소를 제기할 수 없도록 하고 있으므로, 청구인의 재산권과 재판청구권을 제한한다.
이때 '침해를 안 날'은 인지 또는 재판이 확정된 날을 의미하므로, 그로부터 3년의 제척기간은 공동상속인의 권리구제를 실효성 있게 보장하는 것으로 합리적 이유가 있다. 그러나 '침해행위가 있은 날'(상속재산의 분할 또는 처분일)부터 10년 후에 인지 또는 재판이 확정된 경우에도 추가된 공동상속인이 권리구제 실효성을 완전히 박탈하는 결과를 초래한다.
결국 상속개시 후 인지 또는 재판의 확정에 의하여 공동상속인이 된 자의 상속분가액지급청구권의 경우에도 '침해행위가 있은 날부터 10년'의 제척기간을 정하고 있는 것은, 법적 안정성만을 지나치게 중시한 나머지 사후에 공동상속인이 된 자의 권리구제 실효성을 외면하는 것이므로, 심판대상조항은 입법형성의 한계를 일탈하여 청구인의 재산권 및 재판청구권을 침해한다.

CASE 03

직계혈족, 배우자, 동거친족, 동거가족 또는 그 배우자 간의 제323조(권리행사방해의 죄)는 그 형을 면제하도록 한 형법 제328조(친족상도례) *헌법불합치결정

2024.6.27. 2020헌마468등

1. 형사피해자의 재판절차진술권

헌법 제27조 제5항은 "형사피해자는 법률이 정하는 바에 의하여 당해 사건의 재판절차에서 진술할 수 있다."라고 규정하여 형사피해자의 재판절차진술권을 보장하고 있다. 다만, 형사피해자의 재판절차진술권을 어떠한 내용으로 구체화할 것인가에 관하여는 입법자에게 입법형성의 자유가 부여되고 있으므로, 그것이 재량의 범위를 넘어 명백히 불합리한 경우에 비로소 위헌의 문제가 생길 수 있다.

2. 심판대상조항이 형사피해자의 재판절차진술권을 침해하는지 여부(적극)

친족상도례의 규정 취지는, 가정 내부의 문제는 국가형벌권이 간섭하지 않는 것이 바람직하다는 정책적 고려와 함께 가정의 평온이 형사처벌로 인해 깨지는 것을 막으려는 데에 있다. 가족·친족 관계에 관한 우리나라의 역사적·문화적 특징이나 재산범죄의 특성, 형벌의 보충성을 종합적으로 고려할 때, 경제적 이해를 같이하거나 정서적으로 친밀한 가족 구성원 사이에서 발생하는 수인 가능한 수준의 재산범죄에 대한 형사소추 내지 처벌에 관한 특례의 필요성은 수긍할 수 있다. 심판대상조항은 재산범죄의 가해자와 피해자 사이의 일정한 친족관계를 요건으로 하여 일률적으로 형을 면제하도록 규정하고 있다.

심판대상조항은 직계혈족이나 배우자에 대하여 실질적 유대나 동거 여부와 관계없이 적용되고, 또한 8촌 이내의 혈족, 4촌 이내의 인척에 대하여 동거를 요건으로 적용되며, 그 각각의 배우자에 대하여도 적용되는데, 이처럼 넓은 범위의 친족 간 관계의 특성은 일반화하기 어려움에도 일률적으로 형을 면제할 경우, 경우에 따라서는 형사피해자인 가족 구성원의 권리를 일방적으로 희생시키는 것이 되어 본래의 제도적 취지와는 어긋난 결과를 초래할 우려가 있다.

심판대상조항은 강도죄와 손괴죄를 제외한 다른 모든 재산범죄에 준용되나, 이러한 재산범죄의 불법성이 경미하거나 피해 회복이 용이하다고 단정하기 어렵다. 예를 들어, 횡령이나 업무상 횡령, 폭행이나 협박을 수반한 공갈, 특수절도 등은 중한 범죄로 피해 회복이나 관계 복원이 어렵다. 또한, 피해자가 독립적 의사결정을 할 수 없는 경우 심판대상조항 적용은 경제적 착취를 초래할 수 있다. 심판대상조항은 이러한 사정을 고려하지 않고 획일적으로 형면제를 규정하여 형사피해자가 재판절차에 참여할 기회를 상실하게 하고, 실질적인 형벌권 행사를 어렵게 만든다. 따라서, 심판대상조항은 형사피해자의 재판절차진술권을 침해하여 입법재량을 명백히 일탈한 것이다.

16 형사보상청구권

CASE 01

외국인이 출입국관리법에 의하여 보호처분을 받아 수용되었다가 이후 난민인정을 받은 경우 및 법률상 근거 없이 송환대기실에 수용되었던 경우에 대하여, 헌법에서 명시적으로 보상을 해주어야 할 입법의무를 부여하고 있다거나 헌법 해석상 국가의 입법의무가 발생하였다고 볼 수 있는지 여부(소극)

2024.1.25. 2021헌마703

헌법에서 명시적으로 입법자에게 국내에서 난민인정신청을 한 외국인이 강제퇴거명령을 받고 보호처분을 받아 수용되었다가 이후 난민인정을 받은 경우 및 출입국항에서 입국불허결정을 받은 외국인이 법률상 근거 없이 송환대기실에 수용되었던 경우에 대하여 보상을 해주어야 할 입법의무를 부여하고 있다고 볼 수 없다.

헌법 제28조는 형사피의자 또는 형사피고인으로서 구금되었던 자가 국가에 대하여 정당한 보상을 청구할 수 있는 권리를 보장하고 있을 뿐이다.

또한 출입국관리법에 따른 보호명령과 송환대기실에서의 수용은 신체의 자유 제한 자체를 목적으로 하는 형사절차상의 인신구속과 그 목적이나 성질이 다르므로 헌법 제28조의 해석으로도 헌법상 입법의무가 인정되기 힘들다.

외국인의 경우 국가배상법 제7조에 따라 해당 국가와 상호 보증이 있을 때에만 국가배상책임이 인정되므로 상호 보증이 인정되지 않는 국가의 외국인은 국가배상을 받을 수 없는 문제가 발생할 수 있으나 이와 같은 제한은 국가배상법이 상호 보증주의를 채택하고 있기 때문에 발생하는 것으로서 그로 인해 상호 보증이 인정되지 않는 국가 출신의 외국인에게 보상제도를 마련해주어야 할 입법의무가 도출된다고 볼 수는 없다.

국가는 국가배상법 제정을 통해 스스로의 불법행위로 인한 손해를 배상함으로써 그 피해를 회복하여 주는 국가배상제도를 마련하고 있는 점 등에 비추어 보면, 헌법해석상으로도 위와 같은 입법의무가 도출된다고 볼 수 없다.

17 사회적 기본권

CASE 01

재요양을 받는 경우에 재요양 당시의 임금을 기준으로 휴업급여를 산정하도록 한 구 산업재해보상보험법 제56조 제1항과 재요양 당시 임금이 없으면 최저임금액을 기준으로 휴업급여를 지급하도록 한 산업재해보상보험법 제56조 제2항이 인간다운 생활을 할 권리를 침해하는지 여부(소극)

2024.4.25. 2021헌바316

재요양은 최초 상병진단 시점과 단절되어 재요양 당시의 임금 수준은 최초 진단시와 다를 수 있다. 휴업급여는 요양 또는 재요양을 전제로 하므로, 최초 진폐 진단시의 임금을 기준으로 지급하는 것은 휴업급여의 본질에 맞지 않고 형평성에도 어긋난다. 진폐 근로자도 재취업 가능성이 있으며, 재요양 당시 임금이 더 높을 수 있어 재요양시 임금을 기준으로 산정하는 것이 불리하지 않다. 재요양시 임금이 없으면 최저임금액으로 휴업급여를 지급하도록 규정되어 있어 진폐 근로자의 보호에 미흡하지 않다. 따라서 휴업급여조항은 진폐 근로자의 인간다운 생활을 할 권리를 침해하지 않는다.

CASE 02

현직 공무원을 위한 법학전문대학원 야간 수업 및 휴직기간 연장

2024.2.28. 2020헌마1377

1. 법학전문대학원의 교육과정에 대하여 규정한 '법학전문대학원 설치·운영에 관한 법률' 제20조, '법학전문대학원 설치·운영에 관한 법률 시행령' 제13조에 대한 심판청구에 기본권 침해의 가능성이 인정되는지 여부(소극)

교육받을 권리로부터 공무원이 재직 중 법학전문대학원에서 수학할 것을 보장받을 권리가 도출된다고 할 수 없으므로 교육과정조항이 야간수업 또는 방송·정보통신 매체 등을 활용한 원격수업을 의무화하지 않았다고 하더라도 교육받을 권리가 침해될 가능성은 없다. 교육과정조항은 공직 취임이나 공무원 신분과 관련이 없으므로 공무담임권을 제한하지 않는다. 청구인은 공무원 재직 중 학업을 병행하려는 지원자와 학업을 전업으로 하려는 지원자 사이의 차별 취급이 부당하다고 주장하나, 이러한 차별은 교육과정조항에 의하여 발생하는 것이라고 보기 어렵다. 따라서 교육과정조항에 대한 심판청구는 기본권 침해의 가능성이 인정되지 아니한다.

2. 지방자치단체 공무원이 연구기관이나 교육기관 등에서 연수하기 위한 휴직기간은 2년 이내로 한다고 규정한 지방공무원법 제64조 제7호에 대한 심판청구에 기본권 침해의 가능성이 인정되는지 여부(소극)

교육받을 권리로부터 공무원이 휴직하여 법학전문대학원에서 수학할 것을 보장받을 권리가 도출된다고 할 수 없으므로 휴직조항으로 인하여 교육받을 권리가 침해될 가능성은 없다. 휴직조항은 공직 취임이나 공무원 신분과 관련이 없으므로 공무담임권을 제한하지 않는다. 청구인은 연수휴직이 2년까지 가능한 지방자치단체 공무원과 연수휴직이 3년까지 가능한 교육공무원 사이의 차별 취급이 부당하다고 주장하나, 지방자치단체 공무원과 교육공무원은 비교대상이 되기 어려울 뿐만 아니라 교육공무원이라도 법조인 양성을 목적으로 하는 법학전문대학원에 진학하기 위하여 당연히 연수휴직을 할 수 있는 것은 아니므로, 청구인이 주장하는 평등권 침해가 발생할 가능성이 인정되지 않는다. 따라서 휴직조항에 대한 심판청구는 기본권 침해의 가능성이 인정되지 아니한다.

3. 공무원에게 재해보상을 위하여 실시되는 급여의 종류로 휴업급여 또는 상병보상연금 규정을 두고 있지 않은 '공무원 재해보상법' 제8조가 공무원의 인간다운 생활을 할 권리를 침해하는지 여부(소극)

청구인의 인간다운 생활을 할 권리가 침해되었는지 여부는 재해보상의 실질을 가진 모든 급여를 포함하여 소득 공백이 보전되는지 여부로 판단해야 한다. 공무원이 공무상 질병이나 부상으로 인해 병가나 질병휴직을 하면 봉급이 전액 지급되고, 복귀가 불가능해 퇴직할 경우 장해급여, 요양급여, 퇴직일시금 또는 퇴직연금이 지급된다. 재해보상과 공무원연금법의 급여는 소득공백시 생계를 보장하는 사회보장적 급여로서 같은 기능을 수행하므로, 심판대상조항이 인간다운 생활을 할 권리를 침해할 정도로 현저히 불합리하지 않다.

4. 공무원에게 재해보상을 위하여 실시되는 급여의 종류로 휴업급여 또는 상병보상연금 규정을 두고 있지 않은 '공무원 재해보상법' 제8조가 일반 근로자에 대한 산업재해보상보험법과 달리 휴업급여 또는 상병보상연금 규정을 두고 있지 않아 공무원의 평등권을 침해하는지 여부(소극)

공무원에게 인정되는 신분보장의 정도, 질병휴직 후 직무복귀의 가능성, 공무상 병가 및 공무상 질병휴직기간 동안 지급받는 보수의 수준, 퇴직연금 내지 퇴직일시금 제도에 의한 생계보장 면에서 공무원이 일반 근로자에 비해 대체로 유리하다는 점을 고려하면, 심판대상조항이 휴업급여 내지 상병보상연금이라는 급여를 별도로 규정하지 않았다 하여 공무원의 업무상 재해보상에 관하여 합리적인 이유 없이 일반 근로자와 달리 취급하고 있다고 볼 수 없다. 따라서 심판대상조항은 청구인의 평등권을 침해하지 아니한다.

18 환경권

CASE 01

외교부 북미국장이 2017.4.20. 주한미군사령부 부사령관과 사이에 주한미군에 성주 스카이힐 골프장 부지 중 328,779㎡의 사용을 공여하는 내용으로 체결한 협정에 대한 심판청구에 기본권침해가능성이 인정되는지 여부(소극)

2024.3.28. 2017헌마371

청구인들은 주한미군이 이 사건 부지에 고고도미사일방어체계[Terminal High Altitude Area Defense(THAAD), 이하 '사드'라 한다]를 배치함으로써 평화적 생존권을 침해한다고 주장하나, 이 사건 협정의 근거인 '대한민국과 미합중국 간의 상호방위조약'은 외부의 무력공격을 전제한 공동방위를 목적으로 하고, 사드 배치는 북한의 핵실험 및 탄도미사일 시험 발사 또는 도발에 대응한 방어태세로 이해되므로, 이 사건 협정이 국민들로 하여금 침략전쟁에 휩싸이게 함으로써 이들의 평화적 생존을 위협할 가능성이 있다고 볼 수 없다. 또한 청구인들은 주한미군이 이 사건 부지에 사드를 배치하면 건강권 및 환경권이 침해된다고 주장하나, **이 사건 협정으로 청구인들의 건강권 및 환경권이 바로 침해된다고 보기 어렵고, 혹시 이러한 우려가 있더라도 이는 주한미군의 사드 체계 운영 과정에서 잠재적으로 나타날 수 있는 것에 불과하다.** 다음으로 청구인들은 성주경찰서 소속 경찰이 이 사건 부지 인근 농작지 접근을 제한하고 중국이 제재조치를 시행함으로 인하여 직업의 자유를 침해받는다고 주장하나, 청구인들의 주장과 같은 내용은 성주경찰서 소속 경찰 또는 중국 정부의 조치로 인한 것이므로 이 사건 협정으로 인한 것이라 할 수 없다. 마지막으로 청구인들은 이 사건 부지 일대가 원불교 성지로서 보호되지 않는다면 이와 관련된 교리 역시 보호되기 어려우므로 신앙의 자유가 침해되고, 군 당국의 사전 허가를 받아야 이 사건 부지에서 종교적 활동을 하거나 종교집회를 개최할 수 있어 종교적 행위의 자유 및 종교집회의 자유가 침해받는다는 취지로 주장한다. 살피건대, 주한미군이 이 사건 부지를 사용한다고 하여 특정 종교의 교리를 침해하거나 청구인들의 신앙 활동에 직접적 영향을 미친다고 할 수 없고, 종교적 행위의 자유 및 종교집회의 자유 침해에 관한 청구인들의 주장은 군 당국의 후속 조치 등으로 발생하는 것이므로 이 사건 협정으로 인한 것이라 할 수 없다. 따라서 이 사건 협정은 성주군·김천시 주민 또는 원불교도 및 그 단체인 청구인들의 법적 지위에 아무런 영향을 미치지 아니하므로, 이 사건 협정에 대한 심판청구는 기본권침해가능성이 인정되지 아니한다.

CASE 02

학교시설에서의 유해중금속 등 유해물질의 예방 및 관리 기준을 규정한 학교 보건법 시행규칙 제3조 제1항 제1호의2 [별표 2의2] 제1호, 제2호에 마사토 운동장에 대한 규정을 두지 아니한 것이 청구인의 환경권을 침해하는지 여부 (소극)

2024.4.25. 2020헌마107

1. 쟁점

심판대상조항이 마사토 운동장에 대한 유해중금속 예방 및 관리 기준을 규정하지 않은 것이 청구인의 환경권을 침해하는지 문제된다.

2. 환경권 침해 여부

(1) 건강하고 쾌적한 환경에서 생활할 권리의 헌법적 보장

헌법 제35조 제1항은 국민의 환경권을 보장하며, 국가는 이를 위해 노력해야 할 의무를 가진다. 환경권은 생명·신체의 자유를 보호하는 토대를 이루며, '삶의 질'을 확보하기 위한 권리이다. 이는 자연환경뿐만 아니라 인공적 환경도 포함하며, 일상생활에서 접하는 토양의 유해중금속 제거·방지 역시 환경권의 일부이다.

(2) 건강하고 쾌적한 환경에서 생활할 권리를 보장해야 할 국가의 의무

국가는 헌법 제10조에 따라 개인의 기본적 인권을 보호할 의무를 가진다. 환경침해가 사인에 의해 유발되더라도, 국가가 적극적인 보호조치를 취할 의무가 있다.

(3) 심사기준

국가의 기본권 보호의무 실현은 원칙적으로 입법자의 책임에 속하며, 헌법재판소는 제한적으로만 심사할 수 있다. 헌법재판소는 국가가 적절하고 효율적인 최소한의 보호조치를 취했는지 여부를 기준으로 삼아야 한다.

(4) 과소보호금지원칙 위반 여부

심판대상조항은 학교시설의 인조잔디 및 탄성포장재에 대한 기준을 규정하면서 마사토 운동장에 대한 기준은 두지 않고 있다. 그러나 학교보건법 시행규칙과 관련 고시, 토양환경보전법령, 각 지방자치단체의 조례 등을 통해 마사토 운동장에 대한 유해중금속 관리가 이루어지고 있다. 인조잔디와 마사토를 동일한 기준으로 규율해야 할 필요성도 낮다. 따라서 심판대상조항이 마사토 운동장에 대한 기준을 규정하지 않은 것이 환경권 침해에 해당하지 않는다.

MEMO

MEMO

2024 최신판

해커스경찰
황남기
경찰헌법

3개년 핵심+최신 판례집 2024 상반기

초판 1쇄 발행 2024년 7월 19일

지은이	황남기 편저
펴낸곳	해커스패스
펴낸이	해커스경찰 출판팀

주소	서울특별시 강남구 강남대로 428 해커스경찰
고객센터	1588-4055
교재 관련 문의	gosi@hackerspass.com
	해커스경찰 사이트(police.Hackers.com) 교재 Q&A 게시판
	카카오톡 플러스 친구 [해커스경찰]
학원 강의 및 동영상강의	police.Hackers.com

ISBN	979-11-7244-262-0 (13360)
Serial Number	01-01-01

**경찰공무원 1위,
해커스경찰 police.Hackers.com**

해커스 경찰

· 정확한 성적 분석으로 약점 극복이 가능한 **합격예측 온라인 모의고사**(교재 내 응시권 및 해설강의 수강권 수록)
· 해커스 스타강사의 **경찰헌법 무료 특강**
· **해커스경찰 학원 및 인강**(교재 내 인강 할인쿠폰 수록)